"十二五"职业教育国家规划教材
经全国职业教育教材审定委员会审定

物流单证实务

(第二版)

王桂姣　主编

中国财经出版传媒集团
中国财政经济出版社

图书在版编目（CIP）数据

物流单证实务 / 王桂姣主编．--2 版．--北京：
中国财政经济出版社，2021.1

“十二五”职业教育国家规划教材

ISBN 978-7-5095-9470-4

Ⅰ.①物…　Ⅱ.①王…　Ⅲ.①物流-原始凭证-中等
专业学校-教材　Ⅳ.①F252

中国版本图书馆 CIP 数据核字（2019）第 264335 号

责任编辑：张　军　　　　责任校对：胡永立
封面设计：育林华夏　　　　责任印制：张　健

中国财政经济出版社 出版

URL：http：//www.cfeph.cn

E-mail：cfeph@cfeph.cn

社址：北京市海淀区阜成路甲 28 号　邮政编码：100142

营销中心电话：010-88191522

天猫网店：中国财政经济出版社旗舰店

网址：https：//zgczjjcbs.tmall.com

北京鑫海金澳胶印有限公司印刷　各地新华书店经销

成品尺寸：185mm×260mm　16 开　10 印张　240 000 字

2021 年 3 月第 2 版　2021 年 3 月北京第 1 次印刷

定价：27.00 元

ISBN 978-7-5095-9470-4

（图书出现印装问题，本社负责调换，电话：010-88190548）

本社质量投诉电话：010-88190744

打击盗版举报热线：010-88191661　QQ：2242791300

编写说明

本书是“十二五”职业教育国家规划教材、财政部规划教材，经全国职业教育教材审定委员会审定，作为全国中等职业学校财经商贸类专业教材使用。

物流单证实训是一门物流专业综合实训课，它是以物流基础、仓储作业实务、运输作业实务等为基础，直接面向仓储配送企业、运输企业和外贸、货代业中的单据流转、缮制和应用而设计的一门实训课程。因此，它也是物流服务与管理专业仓储配送方向、快递方向、运输方向、国际货代方向的一门核心专业技能课程。

物流单证实务课程对应物流企业单证员、信息录入员、开票员等基层岗位。经过对物流企业基层岗位进行作业任务、岗位能力的分析，结合中职学生的认知特点，教材体例按“任务导入”—“任务要求”—“知识准备”—“任务实施”来组织课程内容。

通过任务导入和任务要求的教学模式组织教学，通过单据的缮制，将理论教学与实践训练结合在一起，达到任务实施的目的。整个课程充分利用现代化教学手段如多媒体课件、电脑办公软件和单证制作软件等资源开展教学活动，以单据缮制、与标准单据比较等步骤使学生获得丰富的制单体验，进而获得职业态度、养成耐心细致的习惯等职业能力的发展。

通过本课程的学习，使学生熟悉仓储配送业务中所涉及的入库单、出库单、移库单、盘点单、储位分配单、拣货单、退货申请单等单据的流转、缮制及应用，熟悉物流运输中所涉及的公路货物运单、运输计划、货物清单、集货单、货物运输交接单、残损记录表、国内货物运输险投保单、报险通知书、航空运单、水路运单、铁路货物运单、铁路货票等单据的流转、缮制及应用，熟悉国际货代所涉及的提单、场站收据、托运单、集装箱装箱单、设备交接单、报关单、报检单等单据的流转、缮制及应用。

本书在编写过程中得到了武汉市大道物流有限公司文化总监何文会、武汉中商集团股份有限公司企业发展中心安保总监弥豫峰、武汉市车城物流有限公司生产运营部经理付志威、国储物流公司武汉分公司经理史红田、武汉海科慧软件有限公司技术总监刘强等人的职场经验支持和认真审定，为本书的编撰提出了很多具有建设性的意见，对本书的顺利完成做出了很大的贡献。本书中的实训题都可以在络捷斯特的物流单证软件中进行训练，在此对北京络捷斯特科技发展有限公司表示特别的感谢。

本书由武汉市财政学校高级讲师、高级物流师王桂姣担任主编，参加编写的有王桂姣，广水市麒麟物资有限责任公司副总经理向其昌，武汉市财政学校程明，安徽金寨职业学校苗强。全书由王桂姣统稿与总纂，湖北储备物资管理局副处长胡志华对全书进行了审定。

本书建议学时为 72 学时，具体学时分配可见下表：

序号	项目	任 务	学时分配
1	项目一　物流单证基本技能	任务一　数码字练习	2
		任务二　日期、时间的练习	2
		任务三　中国各个省份名称及简称练习	1
		任务四　单证制作要求	1
2	项目二　仓储单据	任务一　入库作业中的单证流转——准备入库	2
		任务二　入库作业中的单证流转——验收到货	2
		任务三　入库作业中的单证流转——实施入库	2
		任务四　在库作业中的单证流转——盘点作业	2
		任务五　出库作业中的单证流转——出库准备	2
		任务六　出库作业中的单证流转——出库理货	1
		任务七　出库作业中的单证流转——出库交接	1
		任务八　出库作业中的单证流转——移库作业	2
3	项目三　运输单据	任务一　公路运输作业——受理业务	6
		任务二　公路运输作业——调度安排	6
		任务三　公路运输作业——集货发运	6
		任务四　公路运输作业——到达派送	4
		任务五　公路运输作业——返单结算	2
		任务六　铁路运输作业——申报计划	2
		任务七　铁路运输作业——进站发运、运送到站	2
		任务八　航空运输作业	2
		任务九　水路运输作业	2
4	项目四　国际单据	任务一　出口运输作业——受理业务	8
		任务二　出口运输作业——报关业务	2
		任务三　出口运输作业——报检业务	2
		任务四　进口运输作业——报关业务	4
		任务五　进口运输作业——报检业务	2
机动			2
总学时			72

本书为用书学校任课老师提供了电子课件，如有需要请登录 jiaocai. cfeph. cn 下载或通过 Email：caijingjiaocai@ 163. com 索取。

限于编者水平，本书难免有疏漏之处，其中，有些问题可能还值得商榷，有待进一步完善，在此恳请各位专家和读者批评指正，读者意见可发至信箱：wangguijiao_wgj@ 126. com。

编　者

2021 年 1 月

目　　录

项目一　物流单证基本技能

项目导读

本项目是熟悉物流单据填写过程中常用的数码字、货币、时间、地点等的规范书写，以及制单的要求，为后面物流单证的制作做好准备。

任务一　数码字练习

学习目标

1. 掌握阿拉伯数字、阿拉伯数字中文大写及数位名称等汉字的正确书写方法。
2. 能熟练书写数码字，做到准确、匀称、清楚。

任务导入

数码字的书写。

单证制作中常用的数字有两种：（1）阿拉伯数字；（2）中文大写数码字，另外还有数位名称专用汉字。

任务要求

请根据阿拉伯数字、阿拉伯数字中文大写及数位名称等汉字的正确书写模板，模拟仿写。

知识准备

在物流单证上书写的数字主要有两种形式：

1. 汉字大写数字

主要用于填写公路货物运单、支款凭证、存款单、取款单、汇款单、签发支票、开发货票等重要单证。汉字大写数字是零、壹、贰、叁、肆、伍、陆、柒、捌、玖、拾、佰、仟、万、亿等，不能用0、一、二、三、四、五、六、七、八、九、十、百、千等小写汉字数字代替，不得任意自造简化字。大写数字的要求如下：

（1）到元为止的数字应在后面写个“整”或“正”字，但后面有角分的则不写。如36789.00元应写作叁万陆仟柒佰捌拾玖元整；24345.67元应写作贰万肆仟叁佰肆拾伍元陆角柒分。

（2）金额数字中间有“0”的要写“零”字，连续几个“0”的只需写一个“零”字，不连续的“0”则有几个就写几个“零”。如46004.83元，应写作肆万陆仟零肆元捌角叁分；20304.06元应写作贰万零叁佰零肆元零陆分。

（3）印制有亿、万、仟、佰、拾、元、角、分等位数的单据，在填写时它的前面必须有数字，数字前不能用符号“——”和“○、×”代替，数字中间有“0”的不能用“○、×”和“另”代替。如10.00元应写成零万零仟零佰壹拾零元零角零分，不能写成零万零仟零佰零拾元零角零分；104.00元应写成零万零仟壹佰零肆元零角零分。

（4）单据上大写金额写错时，不允许直接在上面更正，应作废重新填制单据。

汉字大写数字示例见表1－1－1。

表1－1－1

壹　贰　叁　肆　伍	陆	柒	捌	玖	拾	佰	仟	万	亿	零

2. 阿拉伯数字

阿拉伯数字是世界通用的记数符号，书写时应注意：

（1）书写时应紧靠底线，上面留出1/2到1/3的空位置。这样写出来的字能够保持字迹清楚、排列整齐、间隔均匀、一目了然。同时能使上下行有着自然空间。

（2）在单据中书写阿拉伯数字时，要保持适当的倾斜度。各数字从右上方到左下方的笔画均要互相平行且与底线（水平线）约55°～60°；写0时不能有缺口，不能带“尾巴”，写8时，上方不能开口，9不能开口和留尾巴，还要注意“0”与“6”同“1”与“7”的区别；写“7”与“9”时，可超出格子的底线，但上一行的“7”与“9”不能与下一行的“0”或“6”相连，所以填写单据时必须相顾前后关系，以免发生差错。

（3）书写时应按照自上而下，先左后右的顺序来书写。

其书写格式如图1－1－1所示。练习可参照图1－1－2所示的格式进行。

图 1－1－1　阿拉伯数字

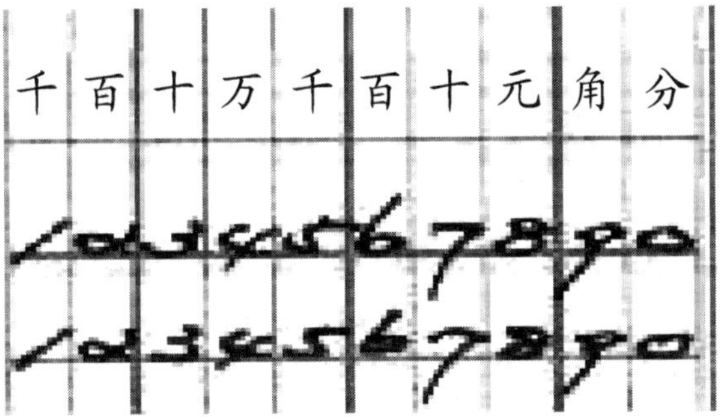

图 1－1－2　阿拉伯数字书写练习

任务实施

每天至少练习数码字的书写 30 分钟。

任务二　日期、时间的练习

学习目标

1. 会独立完整填写单证中的日期和时间。
2. 英文单证中的日期会认、会写。

任务导入

日期和时间的书写。

物流作业中，物流公司和客户都需要对作业的时间和完成进度进行动态的跟踪，作业每进行一个步骤都需对作业的时间进行准确的记录。因此，物流单证中几乎是所有的都需要有日期和时间的填制，这就需要单证的制作人员掌握正确的书写规范，让单证的使用人员能看得清楚，也方便单证的流转和责任的明确。

任务要求

请按照中文日期、英文日期和时间的书写规范模板，模拟仿写。

知识准备

1. 中文单证中使用的日期和时间书写

在中文单证中使用的日期一律按××××年××月××日来书写，时间按××时：××分：××秒的顺序来书写，按24时计时法表示时刻。年份必须是四位数字，不能简写；如2019年不能写成19年。月份和日期必须是两位数字，不足两位时，前面补0；如03月05日。时间的表示法见表1－2－1。

表1－2－1

时间	上午6时20分	中午12时15分	下午3时45分	晚上7点36分	深夜12点
表示法	06:20:00	12:15:00	15:45:00	19:36:00	00:00:00

2. 英文单证中使用的日期和时间书写

英文单证中使用的日期按××月××日××××年来书写，并且月份通常用英文的缩写形式来表示。如2019年04月16日，就是Apr. 16, 2019。

关于日期的写法，应注意以下几点：

①年份应完整写出，不能简写。不可用19代替2019。

②月份要用英文名称，不要用数字代替。

③月份名称多用公认的缩写式。但May, June, July, 因为较短，不可缩写。1—6月月份的表示法见表1－2－2，7—12月月份的表示法见表1－2－3。

④写日期时，可用基数词1，2，3，4，5……28，29，30，31等，也可用序数词lst, 2nd, 3rd, 4th, 5th……28th, 29th, 30th, 31st等，当日期放在月份后面时必须用序数词。

⑤在年份和月日之间必须用逗号隔开。

⑥英美在这方面的习惯用法不同。6th April, 2019是英式英文的写法。April 6th, 2019是美式英文的写法（注意：日子和月份中间没有逗号）。6 Apr. , 2019；Apr. 6th, 2019；6 April, 2019；都正确。

表 1-2-2

January 一月	February 二月	March 三月	April 四月	May 五月	June 六月
Jan.	Feb.	Mar.	Apr.	may	June

表 1-2-3

July 七月	August 八月	September 九月	October 十月	November 十一月	December 十二月
July	Aug.	Sept.	Oct.	Nov.	Dec.

任务实施

每天至少按照模板练习一遍。

任务三　中国各个省份名称及简称练习

学习目标

1. 熟悉中国各个省份、自治区名称、直辖市和特别行政区名称及简称。
2. 对各地方有个方向判断，并对始发地和目的地有正确的方向和距离感。

任务导入

中国有多少个省份、自治区、直辖市和特别行政区，它们分别叫什么？你知道它们的简称吗？

任务要求

会按地理方位书写各省、自治区、直辖市和特别行政区的名称及简称和省会城市。

知识准备

1. 中国各个省份、自治区、直辖市和特别行政区的名称及简称

根据地理方位，中国分为八大区。华东地区——上海、山东、江苏、安徽、浙江、福建。华南地区——广东、广西、海南。华中地区——湖北、湖南、河南、江西。华北地区——京、津、河北、山西、内蒙古。西北地区——陕西、甘肃、宁夏、青海、新疆。西南地区——四川、重庆、云南、贵州、西藏。东北地区——黑龙江、吉林、辽宁。台港澳地区——台湾、香港、澳门。

中国行政区的名称及简称见表 1－3－1。练习见表 1－3－2。

表 1－3－1

4 个直辖市			13	湖北	鄂
序号	直辖市	简称	14	湖南	湘
1	北京	京	15	广东	粤
2	天津	津	16	海南	琼
3	上海	沪	17	四川	川、蜀
4	重庆	渝	18	贵州	黔、贵
23 个省			19	云南	滇、云
序号	省份	简称	20	陕西	陕、秦
1	河北	冀	21	甘肃	甘、陇
2	山西	晋	22	青海	青
3	辽宁	辽	23	台湾	台
4	吉林	吉	5 个自治区		
5	黑龙江	黑	1	新疆维吾尔自治区	新
6	江苏	苏	2	广西壮族自治区	桂
7	浙江	浙	3	宁夏回族自治区	宁
8	安徽	皖	4	内蒙古自治区	内蒙古
9	福建	闽	5	西藏自治区	藏
10	江西	赣	2 个特别行政区		
11	山东	鲁	1	香港特别行政区	港
12	河南	豫	2	澳门特别行政区	澳

表 1－3－2

4 个直辖市			13	湖北	
序号	直辖市	简称	14	湖南	
1	北京		15	广东	
2	天津		16	海南	
3	上海		17	四川	
4	重庆		18	贵州	
23 个省			19	云南	
序号	省份	简称	20	陕西	
1	河北		21	甘肃	
2	山西		22	青海	
3	辽宁		23	台湾	
4	吉林		5 个自治区		
5	黑龙江		1	新疆维吾尔自治区	
6	江苏		2	广西壮族自治区	
7	浙江		3	宁夏回族自治区	
8	安徽		4	内蒙古自治区	
9	福建		5	西藏自治区	
10	江西		2 个特别行政区		
11	山东		1	香港特别行政区	
12	河南		2	澳门特别行政区	

2. 各省省会城市名称

各省的省会城市往往是省域内最大的，通常都是经济的中心，往返于省会的货物量大且频繁，因此，物流专业的学生就要熟知这些各省的省会。各省省会城市见表 1－3－3，练习见表 1－3－4。

表 1－3－3

23 个省			16	海南	海口
序号	省份	省会城市	17	四川	成都
1	河北	石家庄	18	贵州	贵阳
2	山西	太原	19	云南	昆明
3	辽宁	沈阳	20	陕西	西安
4	吉林	长春	21	甘肃	兰州
5	黑龙江	哈尔滨	22	青海	西宁
6	江苏	南京	23	台湾	台北
7	浙江	杭州	5 个自治区		
8	安徽	合肥	1	新疆维吾尔自治区	乌鲁木齐
9	福建	福州	2	广西壮族自治区	南宁
10	江西	南昌	3	宁夏回族自治区	银川
11	山东	济南	4	内蒙古自治区	呼和浩特
12	河南	郑州	5	西藏自治区	拉萨
13	湖北	武汉	2 个特别行政区		
14	湖南	长沙	1	香港特别行政区	香港
15	广东	广州	2	澳门特别行政区	澳门

表 1-3-4

23 个省		
序号	省份	省会城市
1	河北	
2	山西	
3	辽宁	
4	吉林	
5	黑龙江	
6	江苏	
7	浙江	
8	安徽	
9	福建	
10	江西	
11	山东	
12	河南	
13	湖北	
14	湖南	
15	广东	
16	海南	
17	四川	
18	贵州	
19	云南	
20	陕西	
21	甘肃	
22	青海	
23	台湾	
5 个自治区		
1	新疆维吾尔自治区	
2	广西壮族自治区	
3	宁夏回族自治区	
4	内蒙古自治区	
5	西藏自治区	
2 个特别行政区		
1	香港特别行政区	
2	澳门特别行政区	

任务实施

每天填写一遍各省简称和省会城市名。

任务四　单证制作要求

学习目标

1. 知道单证的概念。
2. 认识单证制作要求并会运用到制作单据中。

任务导入

我们即将学习的物流单证到底是一个什么东西？它的制作又有哪些要求，这是我们必须首先解决的问题。

任务要求

本任务是要明确单证的概念和单证制作的要求。

知识准备

1. 单证的概念

单证作为一种贸易文件，它的流转环节构成了贸易程序。单证工作贯穿于企业的外销、进货、运输、结汇的全过程，工作量大、时间性强、涉及面广，除了企业内部各部门之间的协调外，还必须和银行、海关、交通运输部门、保险公司、商检机构、有关行政管理机关发生多方面的联系。单证间环环相扣，相互影响、互为条件。

单据是办理货物的交付和货款支付的一种依据，单据可以表明出口商是否履约，履约的程度；进口商品以单据作为提取货物的货权凭证，有了单据，就表明有了货物。单证有狭义和广义之分，狭义的单证是指单据和信用证；广义的单证是指各种文件和凭证。

2. 单证制作的要求

单证制作的要求可以归纳为以下五点：

（1）正确/准确。正确是所有单证工作的前提，要求制作的单据应达到如下几点：首先满足单单、单证一致，其次是各种单据应符合国际贸易惯例、各国/行业法律和规则的要求，第三单据还应与所代表的货物无出入。

（2）完整。从某种意义上讲，主要指一笔业务所涉及全部单据的完整性。可以从以下几个方面理解：A. 内容完整；B. 份数上完整；C. 种类的完整。凭单据买卖的合同/信用证都会明确要求出口方需要提交哪些单据、提交几份、有无正副本要求、需不需要背书及应在单据上标明的内容，所有这些都必须得到满足。

（3）及时。及时指单据制作不延后。具体还可以这样理解：及时制单、及时审单、及时收汇。制作单据是个复杂的工程，多数单据由出口方完成，有些单据需要相关部门配合完成；审核应齐抓共管，这样就可以保证在规定的时间内把全部合格单据向有关方面提交，及时交单审单肯定意味着能及时收汇，及时收汇意味着又一个良性业务环节的开始。

（4）简明。简明指所制作的单据简单、明了。单据中不应出现与单据本身无关的内容。

（5）整洁。整洁指单据应清楚、干净、美观、大方，单据的格式设计合理、内容排列主次分明、重点内容醒目突出，不应出现涂抹现象，应尽量避免或减少加签修改。

任务实施

每天读一遍单证的概念和单证的制作要求。

项目二 仓储单据

项目导读

本项目是学习物流仓储中所涉及的入库单、退货申请单、储位分配单、出库单、拣货单、盘点单、移库单等单据的流转、缮制及应用。而这些单据分布在入库作业、在库作业和出库作业的流转中。

任务一 入库作业中的单证流转——准备入库

学习目标

1. 知道入库前要做的各项准备和入库单的流转及应用。
2. 认识并会制作“出库单”。

任务导入

广州欣德尔仓储有限公司是广州地区一家知名的第三方仓储物流企业。苏宁公司是一家连锁便利集团公司，在华南一带拥有数千家连锁便利商店，提供电子产品的销售服务，主要销售如电磁炉、豆浆机、微波炉、电饭煲、炖锅等超过 1000 种商品，也销售美的集团公司生产的众多商品。

2012 年 02 月 10 日，苏宁下单给美的集团，同时将商品入库信息（表 2 - 1 - 1）传真给广州欣德尔仓储有限公司。

表 2－1－1

入库通知单

入库通知单号：ASN201902100001

供应商：美的集团有限公司　　供应商编号：S0000968

收货地点：广州市黄浦区丰乐北路万达街 78 号　广州欣德尔仓储有限公司

收货人：王波　电话：（020）59621776

发货日期：2019 年 02 月 07 日　　　计划到货日期：2019 年 02 月 10 日

序号	货品编号	货品名称	规格	单位	计划数量	备注
1	386665	美的电磁炉 FT2101	348×238×407mm	台	40	
2	501810	美的电磁炉 RT2106	365×390×425mm	台	20	
3	349949	美的豆浆机 DE12Q11	1.2L	台	35	
4	256573	美的变频微波炉 EV025LC7-NR	512×328×435mm	台	15	
				合计	110	

制单人：张杨　　　　审核人：李磊　　　　第 1 页 共 1 页

任务要求

请根据上述信息分析入库准备工作内容，并完成入库作业准备。

涉及岗位

订单处理员、仓管员。

知识准备

1. 确认订单

小贴士

缮制

缮有抄写之意，制有填制之意。“缮制”就是“制作”的意思，一般把根据一定的格式制作各种单据叫缮制单据。

广州欣德尔仓储有限公司信息部张梅在接收到客户以传真形式传来的供应商入库通知后，对订单的真实性进行确认，并与客户联系，确认此批货品入库的真实性。当货品入库信息确认后，信息部张梅根据客户的“入库通知单”缮制“入库单”，并提交给仓储部，以便做货品的入库准备工作。

2. 认知并制作“入库单”

“入库单”是记录入库货品信息的单据，它应记录供应商名称、编号，货品名称、编号、规格、单位、计划数量、实际数量，仓管员等内容，入库单通常有三联，存根联、会计联和仓库联。

信息部张梅根据客户“入库通知单”及目前仓库中存储客户（广州苏宁电器天河店）的货品情况，编制入库单号为 ZYJHDH276 的“入库单”，并在“入库单”上签字，准备将此批货物放入 KF003 的仓库。编制的“入库单”见表 2-1-2。

表 2-1-2

<table>
<tr><td colspan="8">广州欣德尔仓储有限公司
入库单</td></tr>
<tr><td colspan="5"></td><td>入库单号：</td><td colspan="2">ZYJHDH276</td></tr>
<tr><td>仓库编号</td><td colspan="7">KF003</td></tr>
<tr><td>供应商名称：</td><td colspan="2">美的集团有限公司</td><td>供应商编号：</td><td>S0000968</td><td>制单时间：</td><td colspan="2">2019年02月10日</td></tr>
<tr><td>入库通知单号：</td><td colspan="7">ASN201902100001</td></tr>
<tr><td>货品名称</td><td>货品编号</td><td>规格</td><td>单位</td><td>计划数量</td><td>实际数量</td><td>批次</td><td>备注</td></tr>
<tr><td>美的电磁炉
FT2101</td><td>386665</td><td>348×238×407mm</td><td>台</td><td>40</td><td></td><td></td><td></td></tr>
<tr><td>美的电磁炉
RT2106</td><td>501810</td><td>365×390×425mm</td><td>台</td><td>20</td><td></td><td></td><td></td></tr>
<tr><td>美的豆浆机
DE12Q11</td><td>349949</td><td>1.2L</td><td>台</td><td>35</td><td></td><td></td><td></td></tr>
<tr><td>美的变频微波炉
EV025LC7-NR</td><td>256573</td><td>512×328×435mm</td><td>台</td><td>15</td><td></td><td></td><td></td></tr>
<tr><td></td><td></td><td></td><td></td><td></td><td></td><td></td><td></td></tr>
<tr><td>仓管员：</td><td colspan="3"></td><td>制单人：</td><td colspan="2">张梅</td><td>第1面共1页</td></tr>
</table>

3. 准备入库

信息部张梅缮制的“入库单”交给仓储部的仓管员王波，王波在接收到入库单后，对入库进行以下准备工作：

（1）熟悉各种需入库货品的状况。

（2）全面掌握仓库库场情况。

（3）仓储计划的制订。

（4）妥善安排货位。

（5）合理组织人力。

（6）做好货位准备。

（7）苫垫材料、作业用具的准备。

（8）准备好验收工具。

（9）装卸搬运工艺设定。

（10）文件单证准备。

小贴士

入库单的编制与填制之别

在“制单要求”环节，会有出现：以制单人的身份编制或者填制单据。

编制：准备单据，表示还未开始作业。

填制：确认制单人身份。

4. 提示易错栏目

“入库单”中的“实际数量”与“制单人”栏目，是常常容易发生错误的地方。原因是制单人的身份不同，有没有参与入库交接作业，都会影响到这些关键栏目的填写。具体填写标准可参照表 2－1－3。

表 2－1－3

制单人		填写栏目	
角色	作业环节	计划数量	实际数量
仓管员	参与入库交接作业	依据入库通知单填写	依据实际收货数量填写
仓管员	未参与入库交接作业	依据入库通知单填写	不填
单证员	参与入库交接作业	依据入库通知单填写	依据实际收货数量填写
单证员	未参与入库交接作业	依据入库通知单填写	不填

任务实施

2019 年 02 月 10 日，广州欣德尔仓储有限公司信息部的信息员收到客户苏宁发来的“入库通知单”，“入库通知单”信息如表 2－1－1 所示。假如你是仓储公司信息部的信息员，请根据客户“入库通知单”及目前仓库中存储客户（广州苏宁电器天河店）的货品情况，以你的名字制作一份编制入库单号为 ZYJHDH276 的“入库单”。准备将此批货物放入 KF003 的仓库。

任务二　入库作业中的单证流转——验收到货

学习目标

1. 知道验收前要做的各项准备和退货申请单的流转及应用。
2. 认识并会制作“退货申请单”。

任务导入

2019 年 02 月 10 日上午 9∶30，表 2－1－1 的货品到达广州欣德尔仓储有限公司，仓管员王波负责收货，他已持有信息员给他的“入库单”和“入库通知单”。在验收过程中发现有五台编号为 501810 的美的电磁炉 RT2106 外包装严重受潮，仓管员王波报告仓储主管，由主管通知货主，经与供应商协商后，将外包装严重受潮的货品当场做拒收，其他货品均和“入库通知单”一致。

任务要求

如果你是仓管员王波如何做好验收工作，并根据实际收货情况填写“入库单”和“退货申请单”。

涉及岗位

仓管员、仓储主管、送货司机。

知识准备

1. 准备验收

仓管员王波对验收作业做人员、卸车及搬运、验收工具、验收凭证等的准备工作。

2. 审核单据

仓管员王波对“入库通知单”与“入库单”进行内容审核。主要核对的项目包括客户名称、日期、货品名称、包装单位以及应收数量等。

3. 验收数量

根据该批货品性质，选择计件货品验收。仓管员在验收过程中，发现货品的数量完全符合要求，无数量问题。

4. 验收质量

验收质量可依据仪器检验和感官检验。仓管员王波采用感官检验方法对此批货品进行检验，该批货品经视觉检验，质量方面是合格的。

5. 验收包装

货品在运销过程中一般都有包装，包装的好坏与干湿，对货品的安全储存、运输有着直接的关系。仓管员王波对该批货品经严格检查后，发现有五台货品编号为501810的美的电磁炉RT2106外包装严重受潮。

仓管员根据验收结果，缮制编号分别为RKYS20190210001、RKYS20190210002、RKYS20190210003、RKYS20190210004的四种入库货品的入库质检单，如下表所示。

（1）货品美的电磁炉FT2101的验收结果见表2－2－1。

表2－2－1

<table>
<tr><td colspan="6">广州欣德尔仓储有限公司
入库质检单</td></tr>
<tr><td>货品名称</td><td>美的电磁炉 FT2101</td><td>到货数量</td><td>40台</td><td>抽检数量</td><td>40台</td></tr>
<tr><td>到货日期</td><td colspan="2">2019年02月10日</td><td>检验日期</td><td colspan="2">2019年02月10日</td></tr>
<tr><td>供应商</td><td colspan="2">美的集团有限公司</td><td>质检单号</td><td colspan="2">RKYS20190210001</td></tr>
<tr><td colspan="4">检验情况</td><td colspan="2">备注</td></tr>
<tr><td>1.外包装检查</td><td colspan="3">合格</td><td colspan="2"></td></tr>
<tr><td>2.外包装规格检查</td><td colspan="3">合格</td><td colspan="2"></td></tr>
<tr><td>3.拆箱货品检查</td><td colspan="3">合格</td><td colspan="2"></td></tr>
<tr><td>4.货品质量检查</td><td colspan="3">合格</td><td colspan="2"></td></tr>
<tr><td></td><td colspan="3"></td><td colspan="2" rowspan="2">实际数量：40台</td></tr>
<tr><td></td><td colspan="3"></td></tr>
<tr><td colspan="6">检验结论：☑合格 □让步接收 □拒收</td></tr>
<tr><td colspan="4">验收员：王波</td><td colspan="2">第1页，共1页</td></tr>
</table>

（2）货品美的电磁炉RT2106的验收结果见表2－2－2。

（3）货品美的豆浆机DE12Q11的验收结果见表2－2－3。

（4）货品美的变频微波炉EV025LC7－NR的验收结果见表2－2－4。

6. 处理结果

仓管员王波根据验收结果，报告仓储主管并通知货主广州苏宁电器，经与供应商协商后，将外包装严重受潮的货品当场做拒收处理，并由送货司机直接带回给供应商处理。

7. 交接单据

仓管员首先根据验收结果，在“入库单”上填写货品的实际入库数量及签字确认，见表2－2－5。

表 2－2－2

<table>
<tr><td colspan="6">广州欣德尔仓储有限公司
入库质检单</td></tr>
<tr><td>货品名称</td><td>美的电磁炉
FT2106</td><td>到货数量</td><td>20 台</td><td>抽检数量</td><td>20 台</td></tr>
<tr><td>到货日期</td><td colspan="3">2019 年 02 月 10 日</td><td>检验日期</td><td>2019 年 02 月 10 日</td></tr>
<tr><td>供应商</td><td colspan="3">美的集团有限公司</td><td>质检单号</td><td>RKYS20190210002</td></tr>
<tr><td colspan="4">检验情况</td><td colspan="2">备注</td></tr>
<tr><td>1.外包装检查</td><td colspan="3">五台外包装严重受潮</td><td colspan="2"></td></tr>
<tr><td>2.外包装规格检查</td><td colspan="3">合格</td><td colspan="2"></td></tr>
<tr><td>3.拆箱货品检查</td><td colspan="3">合格</td><td colspan="2"></td></tr>
<tr><td>4.货品质量检查</td><td colspan="3">合格</td><td colspan="2"></td></tr>
<tr><td></td><td colspan="3"></td><td colspan="2" rowspan="2">实际数量：15 台</td></tr>
<tr><td></td><td colspan="3"></td></tr>
<tr><td colspan="6">检验结论：☐合格　　☐让步接收　　☑拒收
验收员：王波　　第 1 页，共 1 页</td></tr>
</table>

表 2－2－3

<table>
<tr><td colspan="6">广州欣德尔仓储有限公司
入库质检单</td></tr>
<tr><td>货品名称</td><td>美的豆浆机
DE12Q11</td><td>到货数量</td><td>35 台</td><td>抽检数量</td><td>35 台</td></tr>
<tr><td>到货日期</td><td colspan="3">2019 年 02 月 10 日</td><td>检验日期</td><td>2019 年 02 月 10 日</td></tr>
<tr><td>供应商</td><td colspan="3">美的集团有限公司</td><td>质检单号</td><td>RKYS20190210003</td></tr>
<tr><td colspan="4">检验情况</td><td colspan="2">备注</td></tr>
<tr><td>1.外包装检查</td><td colspan="3">合格</td><td colspan="2"></td></tr>
<tr><td>2.外包装规格检查</td><td colspan="3">合格</td><td colspan="2"></td></tr>
<tr><td>3.拆箱货品检查</td><td colspan="3">合格</td><td colspan="2"></td></tr>
<tr><td>4.货品质量检查</td><td colspan="3">合格</td><td colspan="2"></td></tr>
<tr><td></td><td colspan="3"></td><td colspan="2" rowspan="2">实际数量：35 台</td></tr>
<tr><td></td><td colspan="3"></td></tr>
<tr><td colspan="6">检验结论：☑合格　　☐让步接收　　☐拒收
验收员：王波　　第 1 页，共 1 页</td></tr>
</table>

表 2-2-4

<table>
<tr><td colspan="6">广州欣德尔仓储有限公司
入库质检单</td></tr>
<tr><td>货品名称</td><td>美的变频微波炉
EV025LC7-NR</td><td>到货数量</td><td>15 台</td><td>抽检数量</td><td>15 台</td></tr>
<tr><td>到货日期</td><td colspan="2">2019 年 02 月 10 日</td><td>检验日期</td><td colspan="2">2019 年 02 月 10 日</td></tr>
<tr><td>供应商</td><td colspan="2">美的集团有限公司</td><td>质检单号</td><td colspan="2">RKYS20190210004</td></tr>
<tr><td colspan="4">检验情况</td><td colspan="2">备注</td></tr>
<tr><td colspan="2">1. 外包装检查</td><td colspan="2">合格</td><td colspan="2"></td></tr>
<tr><td colspan="2">2. 外包装规格检查</td><td colspan="2">合格</td><td colspan="2"></td></tr>
<tr><td colspan="2">3. 拆箱货品检查</td><td colspan="2">合格</td><td colspan="2"></td></tr>
<tr><td colspan="2">4. 货品质量检查</td><td colspan="2">合格</td><td colspan="2"></td></tr>
<tr><td colspan="2"></td><td colspan="2"></td><td colspan="2" rowspan="2">实际数量：15 台</td></tr>
<tr><td colspan="2"></td><td colspan="2"></td></tr>
<tr><td colspan="6">检验结论：☑合格　　　　☐让步接收　　　　☐拒收
验收员：王波　　　　第 1 页，共 1 页</td></tr>
</table>

表 2-2-5

<table>
<tr><td colspan="8">广州欣德尔仓储有限公司
入库单</td></tr>
<tr><td colspan="5"></td><td>入库单号：</td><td colspan="2">ZYJHDH276</td></tr>
<tr><td>仓库编号</td><td colspan="7">KF003</td></tr>
<tr><td>供应商名称：</td><td colspan="2">美的集团有限公司</td><td>供应商编号：</td><td>S0000968</td><td>制单时间：</td><td colspan="2">2019 年 02 月 10 日</td></tr>
<tr><td>入库通知单号：</td><td colspan="7">ASN201902100001</td></tr>
<tr><td>货品名称</td><td>货品编号</td><td>规格</td><td>单位</td><td>计划数量</td><td>实际数量</td><td>批次</td><td>备注</td></tr>
<tr><td>美的电磁炉
FT2101</td><td>386665</td><td>348×238×407mm</td><td>台</td><td>40</td><td>40</td><td></td><td></td></tr>
<tr><td>美的电磁炉
RT2106</td><td>501810</td><td>365×390×425mm</td><td>台</td><td>20</td><td>15</td><td></td><td></td></tr>
<tr><td>美的豆浆机
DE12Q11</td><td>349949</td><td>1.2L</td><td>台</td><td>35</td><td>35</td><td></td><td></td></tr>
<tr><td>美的变频微波炉
EV025LC7-NR</td><td>256573</td><td>512×328×435mm</td><td>台</td><td>15</td><td>15</td><td></td><td></td></tr>
<tr><td></td><td></td><td></td><td></td><td></td><td></td><td></td><td></td></tr>
<tr><td>仓管员：</td><td colspan="3">王波</td><td>制单人：</td><td colspan="2">张梅</td><td>第 1 面共 1 页</td></tr>
</table>

8. 认知并制作“退货申请单”

“退货申请单”常用于仓库与供应商（客户）之间，对双方交易的货品经过质量检验后，某一部分商品由于商品质量、外包装、内包装、污损、封口、商品型号等问题，质检员或入库收货人拒绝将其入库时，仓库工作人员向供应商（客户）进行沟通，双方确认后由仓储管理人员向供应商（客户）提出书面退货申请。退货申请单通常有三联，客户联、会计联和仓库联。

“退货申请单”的填写依据是“入库通知单”“入库单”、质检报告或相关质检单据。仓管员根据验收结果及实际入库货品数量，制作编号为THSQ2019021001的“退货申请单”，见表2-2-6。然后，仓管员王波按退货流程处理退货物品。仓管员王波还需要在送货司机带来的送货单（见表2-2-7）上填写实际入库数量，并在收货人处签字确认。

表2-2-6

广州欣德尔仓储有限公司 退货申请单							
						退货单号：	THSQ2019021001
供应商名称：	美的集团有限公司					申请日期：	2019年02月10日
货品名称	货品编号	规格	单位	退货数量	质检单号	退货原因	备注
美的电磁炉 RT2106	501810	365×390×425mm	台	5	RKYS20190210002	外包装严重受潮	
制单人：	王波	仓管员：	王波				

小贴士

制单人和仓管员为同一人或不为同一人的区别

仓管员王波对入库货品进行检验并做入库作业，仓管员根据验收结果及实际入库货品数量，缮制“退货申请单”。此时制单人和仓管员为同一人。

仓管员王波对入库货品进行检验并做入库作业，采购部根据仓管员的实际收货验收情况制作了“退货申请单”。此时制单人和仓管员就不为同一人。

表 2-2-7

美的集团有限公司 送货单						
送货单号：SHD201902100051 客户：广州苏宁电器天河店 收货地点：广州市黄埔区丰乐北路万达街 78 号 广州欣德尔仓储有限公司 收货人：王波 电话：(020)59621776 送货日期：2019 年 02 月 07 日 计划到货日期：2019 年 02 月 10 日						
序号	货品编号	货品名称	规格	单位	计划数量	实际数量
1	386665	美的电磁炉 FT2101	348×238×407mm	台	40	40
2	501810	美的电磁炉 RT2106	365×390×425mm	台	20	15
3	349949	美的豆浆机 DE12Q11	1.2L	台	35	35
4	256573	美的变频微波炉 EV025LC7-NR	512×328×435mm	台	15	15
客户验收意见						
五台货品编号为 501810 的美的电磁炉 RT2106 外包装严重受潮						
送货人：李军			签收人（签字）：王波			第 1 页 共 1 页

9. 提示易错栏目

（1）“退货申请单”中，涉及的角色有“制单人”和“仓管员”。本任务中，实际制单人为仓管员王波，并且在描述中有说明“仓管员王波对入库货品进行检验”，即实际作业人员为仓管员王波，所以该任务中的制单人和仓管员为同一人：王波。

（2）“退货原因”栏目。“退货申请单”中“退货原因”栏目的填写依据单据质检报告或相关质检单据中明确说明的不合格、不能正常入库的原因。该栏目处的填写内容易与案例中的描述混淆。

任务实施

2012 年 02 月 10 日上午 9:30，表 2-1-1 的货品到达广州欣德尔仓储有限公司，仓管员王波负责收货，在验收过程中发现有五台货品编号为 501810 的美的电磁炉 RT2106 外包装严重受潮，仓管员王波报告仓储主管并通知货主广州苏宁电器天河店，经与供应商协商后，将外包装严重受潮的货品当场做拒收，并由送货司机直接带回给供应商处理，其他货品均和入库通知单一致。

仓管员王波对入库货品进行检验并做入库作业，采购部刘海根据仓管员的实际收货验收情况制作了“退货申请单”。请制作编号为 THSQ2012021001 的“退货申请单”。

任务三　入库作业中的单证流转——实施入库

学习目标

1. 知道货物入库要做的各项工作和储位分配单的流转及应用。
2. 认识并会制作“储位分配单”。

任务导入

2019 年 02 月 10 日，对于验收合格的货品，根据货品存放规则和仓库可用货位情况，仓管员王波计划将验收合格的货品统一入库到编号为 KF003 的南区 3 号仓库、库区为：家电 5 区。目前，编号为 KF003 的南区 3 号仓库、库区为家电 5 区的货品情况如表 2－3－1，3 号仓库家电 5 区设置一排货架，且货架有 4 层，每层 10 列，见图 2－3－1，为此，仓管员王波需要缮制“储位分配单”，再交给操作搬运工进行货品的入库上架作业。

任务要求

如果你是仓管员王波，如何对这些验收合格的货品进行储位分配呢?

涉及岗位

仓管员、操作员。

知识准备

1. 认知“储位分配单”

“储位分配单”是现代仓储管理中体现其实效性的一种动态管理工具，重点体现商品在拣货出库时的数量位置变化，从而配合其他仓储作业。“储位分配单”体现了货品在仓库处于“被保管状态”时具体的储存位置，同时当商品的位置发生变化时能够准确记录，使管理者能够随时掌握商品的数量、位置及去向。储位分配单通常有两联：仓库联和操作联。

2. 分配储位

目前，编号为 KF003 的南区 3 号仓库、库区为家电 5 区的货品情况见表 2－3－1。

表 2－3－1

广州欣德尔仓储有限公司 入库单							
					入库单号：	ZYJHDH276	
仓库编号	KFD03						
供应商名称：	美的集团有限公司		供应商编号：	S0000968	制单时间：	2019年02月10日	
入库通知单号：	ASN201902100001						
货品名称	货品编号	规格	单位	计划数量	实际数量	批次	备注
美的电磁炉 FT2101	386665	348×238×407mm	台	40			
美的电磁炉 RT2106	501810	365×390×425mm	台	20			
美的豆浆机 DE12Q11	349949	1.2L	台	35			
美的变频微波炉 EV025LC7-NR	256573	512×328×435mm	台	15			
仓管员：				制单人：	张梅		第1面共1页

3 号仓库家电 5 区设置一排货架，且货架有 4 层，每层 10 列，如图 2－3－1 所示。

A50101	A50102	A50103	A50104	A50105	A50106	A50107	A50108	A50109	A50110
A50201	A50202	A50203	A50204	A50205	A50206	A50207	A50208	A50209	A50210
A50301	A50302	A50303	A50304	A50305	A50306	A50307	A50308	A50309	A50310
A50401	A50402	A50403	A50404	A50405	A50406	A50407	A50408	A50409	A50410

图 2－3－1

同时，客户苏宁提供了一份关于此货品的信息，见表 2－3－2。

表 2－3－2

货品基本信息						
货品名称	货品编码	规格	单位	堆码层高（层）	每层堆码数量	计划入库数量
美的电磁炉 FT2101	386665	348×238×407mm	台	4	5	40
美的电磁炉 RT2106	501810	365×390×425mm	台	4	5	20
美的豆浆机 DE12Q11	349949	1.2L	台	4	9	35
美的变频微波炉 EV025LC7-NR	256573	512×328×435mm	台	2	5	15

因此，仓管员王波根据目前存货情况、货品性质及客户提供的货品堆码信息，决定将美的电磁炉 FT2101 的 40 台货品组成两托，分别入库到 A50303 和 A50304 储位上；将美的电磁炉 RT2106 的 15 台货品组成一托，入库到 A50308 储位上；将美的豆浆机 DE12Q11 的 35 台货品组成一托，入库到 A50201 上；将美的变频微波炉 EV025LC7－NR 的 15 台组成两托，分别入库到 A50401 和 A50402 储位上。

根据上面的分析情况，仓管员王波缮制了作业单号为 IB0000120121 的“储位分配单”，见表 2－3－3。

表 2－3－3

广州欣德尔仓储有限公司 储位分配单									
						作业单号：	IB0000120121		
入库单号：	ZYJHDH276					仓库编号：	KF003		
仓管员：	王波					日期：	2019 年 02 月 10 日		
作业明细									
序号	库区	储位	货品名称	货品编号	规格	单位	应放数量	实放数量	备注
1	家电 5 区	A50303	美的电磁炉 FT2101	386665	348×238×407mm	台	20		
2	家电 5 区	A50304	美的电磁炉 FT2101	386665	348×238×407mm	台	20		
3	家电 5 区	A50308	美的电磁炉 RT2106	501810	365×390×425mm	台	15		
4	家电 5 区	A50201	美的豆浆机 DE12Q11	349949	1.2L	台	35		
5	家电 5 区	A50401	美的变频微波炉 EV025LC7-NR	256573	512×328×435mm	台	10		
6	家电 5 区	A50402	美的变频微波炉 EV025LC7-NR	256573	512×328×435mm	台	5		
制单人：	王波				作业人（签字）：				

仓管员王波缮制好“储位分配单”后，将“入库单”及“储位分配单”全部交给操作部主管李阳，由李阳安排作业人朱军来完成后续的理货作业。

3. 堆码托盘

根据货品规格及堆码要求，由操作工朱军对货品进行堆码作业。

4. 理货组托

操作工朱军对货品码盘完成后，对货品进行组盘作业，即利用手持终端对须入库至托盘货架区的货物进行逐一组托操作。

5. 入库上架

操作工朱军利用叉车将托盘货物上架至正确货位。上架完毕后，操作工在“储位分配单”的“作业人”栏签字确认，以确认货品已上架完毕。见表 2－3－4。

表 2－3－4

广州欣德尔仓储有限公司 储位分配单									
						作业单号：		IB0000120121	
入库单号：		ZYJHDH276				仓库编号：	KF003		
仓管员：		王波				日期：	2019 年 02 月 10 日		
作　业　明　细									
序号	库区	储位	货品名称	货品编号	规格	单位	应放数量	实放数量	备注
1	家电 5 区	A50303	美的电磁炉 FT2101	386665	348×238×407mm	台	20	20	
2	家电 5 区	A50304	美的电磁炉 FT2101	386665	348×238×407mm	台	20	20	
3	家电 5 区	A50308	美的电磁炉 RT2106	501810	365×390×425mm	台	15	15	
4	家电 5 区	A50201	美的豆浆机 DE12Q11	349949	1.2L	台	35	35	
5	家电 5 区	A50401	美的变频微波炉 EV025LC7-NR	256573	512×328×435mm	台	10	10	
6	家电 5 区	A50402	美的变频微波炉 EV025LC7-NR	256573	512×328×435mm	台	5	5	
制单人：		王波			作业人（签字）：		朱军		

小贴士

“储位分配单”的“应放数量”和“实放数量”的填制

储位分配单的“应放数量”栏目是按照计划收货数量来填制、以不超过储位最大容量为限。因储位分配单是根据入库单来制作的，此时已经可以确认要入库的商品和数量，所以该栏目需要填制具体的数量，而“实放数量”栏目要视工作完成情况来填写。

6. 提示易错栏目

（1）制单环节。在制单之前，首先明确制单人的身份，并且确定其有无参与实际入库作业。“储位分配单”中，涉及的角色有“制单人”和“作业人”。填制“储位分配单”有两个环节，第一：在准备进行储位分配时，为储位分配下达任务时制作，该环节主要的制单人为单证处；第二：即由实际参与装卸搬运的上架作业人员在上架作业完成后补充填写。

（2）“实际数量”与“制单人”栏目。填制“实际数量”栏目时，首先看制单人角色，两个栏目相互制约。第一：该角色是否参与实际作业；第二：确定该单据的制作环节；第三：确定实际的上架数量。具体的填制规则见表 2－3－5。

表 2－3－5

制单人签名		填写栏目	
角色	作业环节	计划数量	实际数量
装卸搬运组	参与入库上架作业	依据入库单填写	依据实际上架数量填写
装卸搬运组	未参与入库上架作业	依据入库单填写	不填
单证员	参与入库上架作业	依据入库单填写	依据实际上架数量填写
单证员	未参与入库上架作业	依据入库单填写	不填

任务实施

2012 年 02 月 10 日，对于验收合格的货品，根据货品存放规则和仓库可用货位情况，仓管员王波计划将验收合格的货品统一入库到编号为 KF003 的南区 3 号仓库，库区为：家电 5 区。目前，编号为 KF003 的南区 3 号仓库、库区为家电 5 区的货品情况见表 2－3－1，3 号仓库家电 5 区设置一排货架，且货架有 4 层，每层 10 列，见图 2－3－1，为此，仓管员王波需要缮制“储位分配单”，再交给操作搬运工进行货品的入库上架作业。

请你根据目前存货情况、货品性质及客户提供的货品堆码信息，缮制作业单号为 IB0000120121 的“储位分配单”。

任务四　在库作业中的单证流转——盘点作业

学习目标

1. 知道盘点作业要做的各项工作和盘点单的流转及应用。
2. 认识并会制作“盘点单”。

任务导入

根据公司日清日结的规定，2019 年 02 月 10 日下班前，仓管员王波根据库存情况对广州苏宁电器天河店所有的货品按库区分别编制了家电 3 区（盘点单号：ST00021001）、家电 5 区（盘点单号：ST00021002）和家电 6 区（盘点单号：ST00021003）3 张“盘点单”，盘点均采用明盘，其中家电 6 区的盘点后库存情况见表 2-4-1。

表 2-4-1

广州欣德尔仓储有限公司 入库单							
					入库单号：	ZYJHDH276	
仓库编号	KF003						
供应商名称：	美的集团有限公司		供应商编号：	S0000968	制单时间：	2019 年 02 月 10 日	
入库通知单号：	ASN201902100001						
货品名称	货品编号	规格	单位	计划数量	实际数量	批次	备注
美的电磁炉 FT2101	386665	348×238×407mm	台	40			
美的电磁炉 RT2106	501810	365×390×425mm	台	20			
美的豆浆机 DE12Q11	349949	1.2L	台	35			
美的变频微波炉 EV025LC7-NR	256573	512×328×435mm	台	15			
仓管员：				制单人：	张梅		第 1 页共 1 页

任务要求

请根据 2019 年 02 月 10 日这天客户广州苏宁天河店所有货品的出入库情况，及下班前的盘点情况，以仓管员王波的身份制作家电 6 区的“盘点单”，并将盘点结果反馈到“盘点单”上。

涉及岗位

仓管员、初盘员、复盘员。

知识准备

1. 制订盘点计划

根据操作内容信息制定盘点计划，须确定如下内容：

（1）盘点范围。盘点范围是托盘货架区（家电6区）存储的货物。

（2）盘点类型。盘点类型为日盘。日盘是对当日发生出入库作业计划单所涉及的货品/库位进行盘点。日盘也包括对本日前未盘的出入库作业计划单所涉及的货品/库位进行盘点。生成的盘点单包含储位及其里边的货品，日盘完成以后可以做日结。

（3）盘点作业时长。根据盘点货物种类及盘点区域大小，预估盘点作业时长为30分钟至60分钟。

（4）盘点人员安排。参加盘点工作的盘点人员共两人，李明作为初盘人员，王翰作为复盘人员。

（5）盘点要求：

①各类货物要全点数量，做到不漏盘、不错盘。

②各盘点人员每盘点完一种货物，须将盘点结果记录在盘点单上。

③实盘数量如需更改，应用红色笔修改，并在旁边空白处签字确认。

2. 确定盘点时间

根据操作内容信息，确定盘点时间为2019年02月10日。

3. 准备盘点环境

盘点作业开始之前必须对盘点现场进行整理，以提高盘点作业的效率和盘点结果的准确性，清理工作主要包括以下几个方面的内容：

（1）盘点前对已验收入库的商品进行整理归入储位，对未验收入库属于供货商的商品，应区分清楚，避免混淆；对残次品，应进行清理、归类放齐；对退货商品应及时处理，暂无法退货的应进行标识；对赠品，则进行清理并单独存放加以标识。

（2）盘点库区关闭前，应提前通知，对需要出库配送商品提前做好准备。

（3）账卡、单据、资料均应整理后统一结清以便及时发现问题并加以预防。

（4）预先鉴别变质、损坏商品，及时从储区中清理出报废品。对储存场所堆码的货物进行整理，特别是对散乱货物进行收集与整理，以方便盘点时计数。

4. 冻结库存

在仓储管理系统中冻结盘点货品的出入库情况。

5. 认知并缮制“盘点单”

“盘点单”或称“盘点卡”，是定期或不定期地对仓库各个储位储存的货品进行清点、核查，并记录账面数量与实际清点数量差异的单据。“盘点单”一式三联，一联给仓库、一联给财务、一联贴在货物上。

根据2012年02月10日这天客户广州苏宁电器天河店所有货品的出入库情况，及下班前的盘点情况，仓管员王波制作了家电6区的“盘点单”。盘点方式为明盘，制作的“盘点单”见表2－4－2。

小贴士

盘点方式

填制“盘点单”时，要明确任务中要求的盘点方式，一般采用的盘点方式有：明盘、盲盘、半盲盘三种。

明盘：依据制单人已经给出的盘点明细（账存数）进行“盘点单”的补充和核实。

盲盘：填制一张空白盘点单，只给出需盘点的仓库和库区，其他信息均无。

半盲盘：列出需要盘点的库区物料明细，没给账存数，补充完成其他内容。

表 2－4－2

广州欣德尔仓储有限公司 盘点单										
							盘点单号：		ST00021003	
仓库编号：		KF003					制单日期：		2019年02月10日	
库区	储位	货品编号	货品名称	规格	单位	库存数量	实际数量	盈亏数量	损坏数量	备注
家电6区	A60405	300838	三洋微波炉 EM-F208EB1	470×394×304mm	台	28				
家电6区	A60408	301130	三洋微波炉 EM-J2109EB2	470×402×304mm	台	18				
家电6区	A60303	193600	三洋微电脑电磁炉 TC-DF20EG	330×203×405mm	台	50				
家电6区	A60308	188417	三洋微晶陶瓷电磁炉 TC-DY20AB	357×160×423mm	台	60				
制单人：			王波				盘点人(签字)：			

7. 进行现场盘点

李明作为初盘人，在储存区进行现场盘点并记录盘点情况，此时的盘点为全盲盘，见表 2－4－3。

表 2-4-3

现场盘点单									
盘点日期		2019 年 02 月 10 日				第一页，共一页			
序号	储位	货品名称	货品编码	规格	单位	初盘数量	复盘数量	确认数量	备注
1	A60405	三洋微波炉 EM-F208EB1	300838	470×394×304mm	台	26			
2	A60408	三洋微波炉 EM-J2109EB2	301130	470×402×304mm	台	20			
3	A60303	三洋微电脑电磁炉 IC-DF20EG	193600	330×203×405mm	台	50			
4	A60308	三洋微晶陶瓷电磁炉 IC-DY20AB	188417	357×160×423mm	台	60			
初盘人		李明			复盘人				

王翰作为复盘人员，在初盘结束后对储存区的货品进行复盘，并记录盘点结果及确认最终结果，见表 2-4-4。

表 2-4-4

现场盘点单									
盘点日期		2019 年 02 月 10 日				第一页，共一页			
序号	储位	货品名称	货品编码	规格	单位	初盘数量	复盘数量	确认数量	备注
1	A60405	三洋微波炉 EM-F208EB1	300838	470×394×304mm	台	26	26	26	
2	A60408	三洋微波炉 EM-J2109EB2	301130	470×402×304mm	台	20	20	20	
3	A60303	三洋微电脑电磁炉 IC-DF20EG	193600	330×203×405mm	台	50	50	50	
4	A60308	三洋微晶陶瓷电磁炉 IC-DY20AB	188417	357×160×423mm	台	60	60	60	
初盘人		李明			复盘人		王翰		

8. 盘点反馈

当盘点结束后，复盘人王翰负责将盘点结果交给仓管员王波进行盘点反馈。

9. 盘点差异处理

仓管员王波接到盘点人员送来的现场盘点结果后，将现场盘点结果与库存情况进行对比，并填写在“盘点单”上，见表 2-4-5。

表 2-4-5

广州欣德尔仓储有限公司 **盘点单**										
							盘点单号：		ST00021003	
仓库编号：		KF003					制单日期：		2019年02月10日	
库区	储位	货品编号	货品名称	规格	单位	库存数量	实际数量	盈亏数量	损坏数量	备注
家电6区	A60405	300838	三洋微波炉 EM-F208EB1	470×394×304mm	台	28	26			
家电6区	A60408	301130	三洋微波炉 EM-J2109EB2	470×402×304mm	台	18	10			
家电6区	A60303	193600	三洋微电脑电磁炉 IC-DF20EG	330×203×405mm	台	50	50			
家电6区	A60308	188417	三洋微晶陶瓷电磁炉 IC-DY20AB	357×160×423mm	台	60	60			
制单人：			王波				盘点人（签字）：			

仓管员对盘点结果进行分析，并找出盈亏原因，发现是三洋微波炉 EM-F208EB1 有两台货品串货导致的盘点差异，最终仓管员将串货货品进行现场移库作业，确保库存与实际货品数量的一致性，见表 2-4-6。

表 2-4-6

广州欣德尔仓储有限公司 **盘点单**										
							盘点单号：		ST00021003	
仓库编号：		KF003					制单日期：		2019-02-10	
库区	储位	货品编号	货品名称	规格	单位	库存数量	实际数量	盈亏数量	损坏数量	备注
家电6区	A60405	300838	三洋微波炉 EM-F208EB1	470×394×304mm	台	28	26	亏 2	0	有两台货品串货导致
家电6区	A60408	301130	三洋微波炉 EM-J2109EB2	470×402×304mm	台	18	20	盈 2	0	有两台货品串货导致
家电6区	A60303	193600	三洋微电脑电磁炉 IC-DF20EG	330×203×405mm	台	50	50	0	0	
家电6区	A60308	188417	三洋微晶陶瓷电磁炉 IC-DY20AB	357×160×423mm	台	60	60	0	0	
制单人：			王波				盘点人（签字）：		李明、王翰	

10. 提示易错栏目

（1）制单环节。在制单之前，首先明确制单人的身份，并且确定其有无参与实际盘点作业。“盘点单”中，涉及的角色有“制单人”和“作业人”。填制“盘点单”有两个环节，第一：在准备进行盘点时，为在库盘点下达任务时制作，该环节主要的制单人为仓管处；第二：即由实际参与盘点作业的人员在盘点完成后补充填写。

（2）“制单人”“实际数量”“盈亏数量”及“损坏数量”栏目。填制“实际数量”“盈亏数量”及“损坏数量”栏目时，首先看制单人角色，两个栏目相互制约。第一：该角色是否参与实际盘点作业；第二：确定该单据的制作环节；第三：确定实际的盘点数量、盈亏数量、损坏数量。具体的填制规则见表 2－4－7。

表 2－4－7

<table>
<tr><th colspan="2">制单人签名</th><th colspan="4">填写栏目</th></tr>
<tr><th>角色</th><th>作业环节</th><th>计划数量</th><th>实际数量</th><th>盈亏数量</th><th>损坏数量</th></tr>
<tr><td>单证员</td><td>参与盘点作业</td><td>依据库存填写</td><td colspan="3">依据实际盘点数量填写</td></tr>
<tr><td>单证员</td><td>未参与盘点作业</td><td>依据库存填写</td><td colspan="3">不填</td></tr>
<tr><td>盘点人</td><td>参与盘点作业</td><td>依据库存填写</td><td colspan="3">依据实际盘点数量填写</td></tr>
<tr><td>盘点人</td><td>未参与盘点作业</td><td>依据库存填写</td><td colspan="3">不填</td></tr>
</table>

任务实施

根据公司日清日结的规定，2019 年 02 月 10 日下班前，仓管员王波根据库存情况对广州苏宁电器天河店所有的货品按库区分别编制了家电 3 区（盘点单号：ST00021001）、家电 5 区（盘点单号：ST00021002）和家电 6 区（盘点单号：ST00021003）3 张“盘点单”，盘点均采用明盘，其中家电 6 区的盘点后库存情况见表 2－4－1。

请根据 2019 年 02 月 10 日这天客户广州苏宁天河店所有货品的出入库情况，及下班前的盘点情况，以你的身份制作家电 6 区的“盘点单”。将制作好的“盘点单”与同学互换去参与实际盘点并反馈盘点情况。

任务五　出库作业中的单证流转——出库准备

学习目标

1. 知道出库前要做的各项准备。
2. 认识并会制作“出库单”“拣货单”。

任务导入

2019 年 02 月 11 日，广州欣德尔仓储有限公司订单处理中心的制单员张倩收到客户广州苏宁电器天河店发来的发货通知单，发货通知单的信息见表 2－5－1。

表 2－5－1

广州苏宁电器天河店

发货通知单

发货通知单号：ASN201902110001

收货客户：广州苏宁电器大河店　收货地址：广州市天河区天河路 228 号广州苏宁电器天河店

收货人：赵彬　收货人电话：(020)88205388 发货日期：2019 年 02 月 12 日

发货仓库：广州欣德尔仓储有限公司

仓库地址：广州市黄埔区丰乐北路万达街 78 号　仓库类别：第三方物流仓库

仓库联系人：土波 仓库电话：(020)59621776

序号	货品编号	货品名称	规格	单位	计划数量	实际数量	备注
1	384602	格兰仕豆浆机 DS15008	1.5L	台	40		
2	501810	美的电磁炉 RT2106	365*390*425mm	台	25		
3	301130	三洋微波炉 EM-J2109EB2	470*402*304mm	台	10		
				合计	105		

制单人：陆毅　　审核人：王晓　　第 1 页 共 1 页

任务要求

请根据上述信息分析出库准备工作内容，并完成出库作业准备。

涉及岗位

订单处理员、仓管员。

知识准备

1. 接收出库通知

首先确认客户信息是否属实，再确认发货通知单上货物的出库信息，主要包括：客户名称、货物名称、货物数量、货物规格及出库货日期等。信息核对无误后，再查询库存数量是否可以满足本次订单。

2. 认知“出库单”“拣货单”

“出库单”是商家之间互相调货的凭证，是为了方便对账和结算，减少现金支付的一种手段。“出库单”一式四份，一般分为买家、卖家、存根、交易支付联，用不同颜色区分。上面填有货品名、数量、单价、交易额以及买卖方、经手人、日期等。客户提货时，填写“出库单”并盖印章或签名，被提货方可以凭借“出库单”找提货方收款，并作为提款依据。出库单通常有四联，一联交仓库，一联发运部门留存，一联送交客户，一联作为给客户开发票的依据。

“拣货单”是仓储中心给装卸搬运组依据“出库单”下达拣货任务时的单据，该单据记录货品在仓储中心或仓库的具体存储位置和拣货商品名称、数量。装卸搬运组按照拣货单指令取货物，准备出库。拣货单通常有三联：存根联、拣货联、复核联。

3. 缮制“出库单”

广州欣德尔仓储有限公司订单处理中心的制单员张倩当确定客户信息属实后，按发货通知单信息，于2012年02月11日缮制出库单号为OB2019021105的“出库单”，见表2－5－2。

表2－5－2

广州欣德尔仓储有限公司 出库单							
						出库单号：	OB2019021105
货主名称：	广州苏宁电器天河店				发货通知单号：	ASN201902110001	
收货客户：	广州苏宁电器天河店				发货日期：	2019-02-12	
收货地址：	广州市天河区天河路228号广州苏宁电器天河店			收货人：	赵彬	收货人电话：	(020) 88205388
货品编号	货品名称	规格	单位	计划数量	实际数量	收货人签收数量	备注
384602	格兰仕豆浆机DS1500B	1.5L	台	40			
501810	美的电磁炉RT2106	365×390×425mm	台	25			
301130	三洋微波炉EM-J2109EB2	470×402×304mm	台	10			
仓管员（签字）：			制单人：	张倩		收货人（签字）：	

4. 生成作业计划

制单员张倩将缮制好的“出库单”交接给仓储部专门负责广州苏宁电器天河店货品的

仓管员王波，并进行接下来的拣货作业等。

5. 缮制“拣货单”

王波首先根据“出库单”查询库存情况，广州苏宁电器天河店该批出库货品均存放在仓库编号为 KF003 的南区 3 号仓库，该客户的出库货品库存情况见表 2－5－3。

表 2－5－3

库区	货位	货品编号	货品名称	规格	单位	库存数量	批次	入库日期
家电3区	A30301	384602	格兰仕豆浆机 DS15008	1.5L	台	36	20180005	2018-04-19
家电3区	A30302	384602	格兰仕豆浆机 DS15008	1.5L	台	36	20180005	2018-04-19
家电3区	A30303	384602	格兰仕豆浆机 DS15008	1.5L	台	30	20180005	2018-04-19
家电5区	A50305	501810	美的电磁炉 RT2106	365×390×425mm	台	20	20180010	2018-08-16
家电5区	A50306	501810	美的电磁炉 RT2106	365×390×425mm	台	20	20180010	2018-08-16
家电5区	A50307	501810	美的电磁炉 RT2106	365×390×425mm	台	10	20180010	2018-08-16
家电5区	A50308	501810	美的电磁炉 RT2106	365×390×425mm	台	15	20190001	2019-02-10
家电6区	A60408	301130	三洋微波炉 EM-J2109EB2	470×402×304mm	台	10	20180021	2018-10-19
家电6区	A60409	301130	三洋微波炉 EM-J2109EB2	470×402×304mm	台	8	20180021	2018-10-19

根据库存情况及货品的先入先出原则，仓管员王波填制了作业单号为 PK2019021123 的《拣货单》，制作《拣货单》见表 2－5－4。对于序号填写阿拉伯数字，如 1、2、3 等。

表 2－5－4

广州欣德尔仓储有限公司 拣货单									
						作业单号：		PK2019021123	
货主名称：		广州苏宁电器天河店				出库单号：		0B2019021105	
仓库编号：		KF003				制单日期：		2019-02-11	
序号	库区	储位	货品编号	货品名称	规格	单位	应拣数量	实拣数量	备注
1	家电3区	A30301	384602	格兰仕豆浆机 DS15008	1.5L	台	36		
2	家电3区	A30303	384602	格兰仕豆浆机 DS15008	1.5L	台	4		
3	家电5区	A50305	501810	美的电磁炉 RT2106	365×390×425mm	台	20		
4	家电5区	A50307	501810	美的电磁炉 RT2106	365×390×425mm	台	5		
5	家电6区	A60408	301130	三洋微波炉 EM-J2109EB2	470×402×304mm	台	10		
制单人：		王波			拣货人（签字）：				

6. 组织调配物力

仓管员王波接到出库任务后根据“出库单”及填制的“拣货单”内容及发货时间需要提前组织人力、协调设备，避免资源浪费。根据发货通知，预先确定拣货及搬运设备为电动叉车和手动液压搬运车。

7. 提示易错栏目

（1）制单环节。

①“出库单”。在制单之前，首先明确制单人的身份，并且确定其有无参与实际出库作业。填制“出库单”有三个环节，第一：在准备进行出库操作时，为出库作业下达任务时制作，该环节主要的制单人为单证处；第二：即由实际参与出库作业的人员在盘点完成后补充填写；第三：在货物送达目的地收货人处时，由收货处实际收货人签收。

②“拣货单”。在制单之前，首先明确制单人的身份，并且确定其有无参与实际出库拣货作业。填制“拣货单”有两个环节，第一：在准备进行出库拣货操作时，为装卸搬运组下达拣货任务时制作，该环节主要的制单人为系统操作的单证处；第二：即由实际参与的装卸搬运组的拣货作业人员在拣货完成后补充填写。

（2）易错栏目。

①“出库单”中“制单人”“实际数量”“收货人”栏目。填写“制单人”“实际数量”栏目时，首先看制单人角色，两个栏目相互制约。第一，该角色是否参与实际出库作业；第二，确定该单据的制作环节；第三，确定实际的出库数量。具体的填制规则见表2－5－5。

本任务中，订单处理中心的制单员张倩首先是在准备环节编制了“出库单”，其次由于单证员张倩制单且并未参与实际出库作业，所以“仓管员”“实际数量”“收货人”三个栏目不填写。

表2－5－5

制单人		填写栏目	
角色	作业环节	计划数量	实际数量
仓管员	参与出库作业	依据出库通知单填写	依据实际收货数量填写
仓管员	未参与出库作业	依据出库通知单填写	不填
单证员	参与出库作业-编制环节	依据出库通知单填写	不填
单证员	未参与出库作业	依据出库通知单填写	不填
收货人	货品未送达收货人	依据收货情况填写	不填
收货人	货品送达收货人处签收	依据收货情况填写	填写实际收货数量

②“拣货单”中“制单人”“实拣数量”栏目。填写“制单人”“实拣数量”栏目时，首先看制单人角色，两个栏目相互制约。第一：该角色是否参与实际拣货作业；第二：确定该单据的制作环节；第三：确定实际的拣货数量。具体的填制规则见表2－5－6。

表 2－5－6

制单人		填写栏目	
角色	作业环节	应拣数量	实拣数量
拣货人	参与拣货作业	依据出库单填写	依据实际拣货数量填写
拣货人	未参与拣货作业	依据出库单填写	不填
单证员	参与拣货作业-编制环节	依据出库单填写	不填
单证员	未参与拣货作业	依据出库单填写	不填

任务实施

请同学们以广州欣德尔仓储有限公司订单处理中心的制单员张倩的身份根据发货通知单（见表 2－5－1）的信息和填制标准，于当天填制出库单号为 OB2019021105 的“出库单”。

再以仓管员王波的身份，于当天为客户广州苏宁电器天河店填制作业单号为 PK2019021123 的“拣货单”。该客户的出库货品库存情况见表 2－5－3，货品拣选按照先入先出原则进行。

任务六　出库作业中的单证流转——出库理货

学习目标

1. 能按拣货单证完成拣货、出库下架作业和拣货单的流转及应用。
2. 会在“拣货单”上反馈拣货信息。

任务导入

2019 年 02 月 11 日，广州欣德尔仓储有限公司拣货员张巍接到仓管员王波填制定的拣货单据（表 2－5－4）后，该如何操作呢?

任务要求

请拣货员张巍根据“拣货单”完成拣货任务。

涉及岗位

拣货员。

知识准备

1. 下架作业

拣货员张巍根据拣货单据相关信息，在托盘货架区完成拣货货品的下架工作。

2. 搬运操作

拣货员张巍从设备暂存区将手动液压搬运车取出，利用手动液压搬运车将托盘货物从托盘货架区的设备交接区搬运至发货理货区。

3. 拣货反馈

拣货员按照拣货情况，在“拣货单”上进行反馈作业并签字确认，填制“拣货单”见表2－6－1。

表2－6－1

广州欣德尔仓储有限公司 拣货单									
						作业单号：		PK2019021123	
货主名称：		广州苏宁电器天河店				出库单号：		OB2019021105	
仓库编号：		KF003				制单日期：		2019-02-11	
序号	库区	储位	货品编号	货品名称	规格	单位	应拣数量	实拣数量	备注
1	家电3区	A30301	384602	格兰仕豆浆机 DS15008	1.5L	台	36	36	
2	家电3区	A30303	384602	格兰仕豆浆机 DS15008	1.5L	台	4	4	
3	家电5区	A50305	501810	美的电磁炉 RT2106	365×390×425mm	台	20	20	
4	家电5区	A50307	501810	美的电磁炉 RT2106	365×390×425mm	台	5	5	
5	家电6区	A60408	301130	三洋微波炉 EM-J2109EB2	470×402×304mm	台	10	10	
制单人：		王波			拣货人（签字）：		张巍		

小贴士

拣货出库方式

按照客户的订货要求，可进行不同的拣货出库方式，包括“先进先出”“发当月产品”“发最好日期”。

4. 提示易错栏目

（1）制单环节。在制单之前，首先明确制单人的身份，并且确定其有无参与实际出库拣货作业。“拣货单”中，涉及的角色有“制单人”和“拣货人”。

填制“拣货单”有两个环节，第一：在准备进行出库拣货操作时，为装卸搬运组下达拣货任务时制作，该环节主要的制单人为系统操作的单证处；第二：即由实际参与的装卸搬运组的拣货作业人员在拣货完成后补充填写。

（2）“制单人”“实拣数量”栏目。填写“制单人”“实拣数量”栏目时，首先看制单人角色，两个栏目相互制约。第一：该角色是否参与实际拣货作业；第二：确定该单据的制作环节；第三：确定实际的拣货数量。具体的填制规则见表 2－6－2。

表 2－6－2

制单人		填写栏目	
角色	作业环节	应拣数量	实拣数量
拣货人	参与拣货作业	依据出库单填写	依据实际拣货数量填写
拣货人	未参与拣货作业	依据出库单填写	不填
单证员	参与拣货作业-编制环节	依据出库单填写	不填
单证员	未参与拣货作业	依据出库单填写	不填

本任务中，拣货员张巍按照拣货情况，在“拣货单”上进行反馈作业并签字确认，首先是拣货人张巍参与了实际的拣货作业，其次由拣货员张巍在拣货完成后补充反馈作业单据，所以“制单人”栏目填写原制单人王波；“实拣数量”栏目填写实际的拣货数量。“拣货人”栏目填写：张巍。

任务实施

假如你是拣货员，请立即在拣货作业完成后，在作业单号为 PK2019021123 的“拣货单”上签上实拣数量并签名。

任务七　出库作业中的单证流转——出库交接

学习目标

1. 能独立完成出库货品的复核、交接作业和出库单的流转及应用。
2. 会在“出库单”上反馈出库信息。

任务导入

广州欣德尔仓储有限公司仓管员王波根据拣货员张巍完成的拣货任务，需要完成出库货品的复核、交接工作。

任务要求

如果你是王波，请代他完成出库货品的复核、交接工作。

涉及岗位

仓管员、接货员。

知识准备

1. 复核货品

货物备好后，为了避免和防止出货过程中可能出现的差错，仓管员对已备货完毕的货物需要进行全面的复核查对。核查的具体内容包括：

①根据正式出库凭证所列项目，与备好的货物相对照，逐项检查其是否与出库凭证所列完全相符。

②现有包装能否保证在货物运输装卸中不致破损，保证货物完整。

③现有包装是否便于装卸搬运作业。

④货品均为怕震怕潮物资，衬垫是否稳妥，密封是否严密。

⑤收货人、地址、防震防潮等标志是否正确、明显。

复核员对货品复核后，发现无问题。

2. 单据交接

仓管员王波根据实际复核结果在“出库单”上填写实际出库数量，并签字确认。填制“出库单”，见表 2－7－1。

货物核查完毕后，仓管员根据实际出库情况填写“出库单”实发数量并签上自己的名字，然后主动与提货员交接。

3. 库内清理

出库完毕后，仓管员王波及时整理出库单据，核对结存数，做到单货相符、单单相符，并做好单据和货物的交接工作；同时清理现场，收集苫垫材料、妥善保管，以待再用；清洁现场，将出库使用到的装卸搬运工具、存储设备、包装工具和材料放置原规划区域内。

4. 提示易错栏目

（1）制单环节。在制单之前，首先明确制单人的身份，并且确定其有无参与实际出库作业。“出库单”中，涉及的角色有“制单人”“仓管员”和“收货人”。

表 2－7－1

广州欣德尔仓储有限公司 **出库单**							
					出库单号：		OB2019021105
货主名称：	广州苏宁电器天河店				发货通知单号：	ASN201902110001	
收货客户：	广州苏宁电器天河店				发货日期：	2019-02-12	
收货地址：	广州市天河区天河路 228 号广州苏宁电器天河店			收货人：	赵彬	收货人电话：	（020）88205388
货品编号	货品名称	规格	单位	计划数量	实际数量	收货人签收数量	备注
384602	格兰仕豆浆机 DS15008	1.6L	台	40	40		
501810	美的电磁炉 RT2106	365×390×425mm	台	25	25		
301130	三洋微波炉 EM-J2109EB2	470×402×304mm	台	10	10		
仓管员（签字）:	王波		制单人:	张倩		收货人（签字）:	

填制“出库单”有三个环节，第一：在准备进行出库操作时，为出库作业下达任务时制作，该环节主要的制单人为单证处；第二：即由实际参与出库作业的人员在盘点完成后补充填写；第三：在货物送达目的地收货人处时，由收货处实际收货人签收。

(2)“制单人”“实际数量”“收货人”栏目。填写“制单人”“实际数量”栏目时，首先看制单人角色，两个栏目相互制约。第一：该角色是否参与实际出库作业；第二：确定该单据的制作环节；第三：确定实际的出库数量。具体的填制规则见表 2－7－2。

表 2－7－2

制单人		填写栏目	
角色	作业环节	计划数量	实际数量
仓管员	参与出库作业	依据出库通知单填写	依据实际收货数量填写
仓管员	未参与出库作业	依据出库通知单填写	不填
单证员	参与出库作业-编制环节	依据出库通知单填写	不填
单证员	未参与出库作业	依据出库通知单填写	不填
收货人	货品未送达收货人	依据收货情况填写	不填
收货人	货品送达收货人处签收	依据收货情况填写	填写实际收货数量

本任务中，仓管员王波根据实际复核结果在“出库单”上填写实际出库数量，并签字确认，首先确定单据填制在作业反馈环节，其次由仓管员制单并参与实际出库作业，所以

“制单人”栏目填写原制单人张倩；“实际数量”栏目填写实际的出库数量、“收货人”不填写。

任务实施

假如你是仓管员王波，在接到拣货员张巍完成拣货任务后，请立即在出库单号为OB2019021105的“出库单”上反馈出库信息。

任务八　出库作业中的单证流转——移库作业

学习目标

1. 知道移库作业的意义和移库单的流转及应用。
2. 认识并会制作“移库单”。

任务导入

广州欣德尔仓储有限公司仓管员王波根据广州苏宁电器天河店存储在仓库编号为KF003的南区3号仓库中货品库存情况见表2-8-1，为提高储位的使用率，决定把A50307储位上的货品移动到A50308储位上，且A50307储位负责人是张斌、A50308储位负责人是万刚。

表2-8-1

库区	货位	货品编号	货品名称	规格	单位	库存数量	批次	入库日期
家电3区	A30302	384602	格兰仕豆浆机DS15008	1.5L	台	36	20180005	2018-04-19
家电3区	A30303	384602	格兰仕豆浆机DS15008	1.5L	台	26	20180005	2018-04-19
家电5区	A50306	501810	美的电磁炉RT2106	365×390×425mm	台	20	20180010	2018-08-16
家电5区	A50307	501810	美的电磁炉RT2106	365×390×425mm	台	5	20180010	2018-08-16
家电5区	A50308	501810	美的电磁炉RT2106	365×390×425mm	台	15	20190001	2019-02-10
家电6区	A60409	301130	三洋微波炉EM-J2109EB2	470×402×304mm	台	8	20180021	2018-10-19

任务要求

如果你是王波，请代他完成移库任务的安排。

涉及岗位

仓管员、操作员。

知识准备

1. 认知“移库单”

货物变更存放仓库或场地，使用“移库单”。“移库单”是物流中心按照仓库的储位管理及出入库便捷性要求，进行的货物移动、搬运、补货作业的统称。通常都需要将一个货位上的指定数量的货品移动到另一个储位上。“移库单”是跟踪货物存储位置变更的记录表，仓储管理员对货物的存储位置做变更调整，可以是库内调整，也可以是不同库的调整。“移库单”记录内容包括：商品所属库区、货位、货品编号、货品名称、规格型号、数量等内容。移库单通常有两联：仓库联和操作联。

2. 移库准备

根据移库需求，仓管员王波安排一名操作工及一辆叉车完成此次移库作业。

3. 制作“移库单”

仓管员王波按照移库需求，制作编号为 YKD20190211001 的“移库单”，于 2019 年 02 月 11 日下达移库指令，并于当天完成移库作业，并由移入储位的负责人进行单据的回单工作。制作“移库单”见表 2－8－2。

表 2－8－2

<table>
<tr><th colspan="6">移 库 单</th></tr>
<tr><td colspan="6">编　号：YKD20190211001</td></tr>
<tr><td>发货仓库名称</td><td>KF003</td><td>收货仓库名称</td><td>KF003</td><td>制单日期</td><td>2019-02-11</td></tr>
<tr><td>货物编号</td><td>货物名称</td><td>单位</td><td>请发数量</td><td>实发数量</td><td>实收数量</td></tr>
<tr><td>501810</td><td>美的电磁炉
RT2106</td><td>台</td><td>5</td><td></td><td></td></tr>
<tr><td></td><td></td><td></td><td></td><td></td><td></td></tr>
<tr><td></td><td></td><td></td><td></td><td></td><td></td></tr>
<tr><td></td><td></td><td></td><td></td><td></td><td></td></tr>
<tr><td colspan="3">发货仓库填写</td><td colspan="3">收货仓库填写</td></tr>
<tr><td>制单人：</td><td colspan="2">王波</td><td colspan="2" rowspan="2">收货人：</td><td rowspan="2"></td></tr>
<tr><td>出库人：</td><td colspan="2"></td></tr>
<tr><td>发货日期：</td><td colspan="2"></td><td colspan="2">收货日期：</td><td></td></tr>
</table>

4. 完成移库作业

原库区负责人张斌组织操作工完成需要移库货品的拣货作业，并在“移库单”上填写实发数量，并签字确认。填制“移库单”见表2－8－3。

小贴士

移库作业的目的

优化储位：根据货品的周转率，进行ABC分析，对货品进行储位的移动，以优化库存结构。

提高仓储效率：为了提高库内仓储效率，对不满一个托盘的货品进行拼盘作业，以提高储位的仓储效率。

表2－8－3

<table>
<tr><th colspan="6">移 库 单</th></tr>
<tr><td colspan="6">编　　号：YKD20120911001</td></tr>
<tr><td>发货仓库名称</td><td>KF003</td><td>收货仓库名称</td><td>KF003</td><td>制单日期</td><td>2019-02-11</td></tr>
<tr><td>货物编号</td><td>货物名称</td><td>单位</td><td>请发数量</td><td>实发数量</td><td>实收数量</td></tr>
<tr><td>501810</td><td>美的电磁炉
RT2106</td><td>台</td><td>5</td><td>5</td><td></td></tr>
<tr><td></td><td></td><td></td><td></td><td></td><td></td></tr>
<tr><td></td><td></td><td></td><td></td><td></td><td></td></tr>
<tr><td></td><td></td><td></td><td></td><td></td><td></td></tr>
<tr><td colspan="3">发货仓库填写</td><td colspan="3">收货仓库填写</td></tr>
<tr><td>制单人：</td><td colspan="2">王波</td><td colspan="2" rowspan="2">收货人：</td><td rowspan="2"></td></tr>
<tr><td>出库人：</td><td colspan="2">张斌</td></tr>
<tr><td>发货日期：</td><td colspan="2">2012-02-11</td><td colspan="2">收货日期：</td><td></td></tr>
</table>

目的库区负责人在接收到需要移库货品的入库信息后，组织操作工完成货品的移库上架作业，并在“移库单”上填写实收数量，且签字确认并回单，见表2－8－4。

表 2－8－4

<table>
<tr><th colspan="6">移库单</th></tr>
<tr><td colspan="6">编　　号：YKD20190211001</td></tr>
<tr><td>发货仓库名称</td><td>KF003</td><td>收货仓库名称</td><td>KF003</td><td>制单日期</td><td>2019-02-11</td></tr>
<tr><td>货物编号</td><td>货物名称</td><td>单位</td><td>请发数量</td><td>实发数量</td><td>实收数量</td></tr>
<tr><td>501810</td><td>美的电磁炉
RT2106</td><td>台</td><td>5</td><td>5</td><td>5</td></tr>
<tr><td></td><td></td><td></td><td></td><td></td><td></td></tr>
<tr><td></td><td></td><td></td><td></td><td></td><td></td></tr>
<tr><td></td><td></td><td></td><td></td><td></td><td></td></tr>
<tr><td colspan="3">发货仓库填写</td><td colspan="3">收货仓库填写</td></tr>
<tr><td>制单人：</td><td colspan="2">王波</td><td colspan="2" rowspan="2">收货人：</td><td rowspan="2">万刚</td></tr>
<tr><td>出库人：</td><td colspan="2">张斌</td></tr>
<tr><td>发货日期：</td><td colspan="2">2019-02-11</td><td colspan="2">收货日期：</td><td>2019-02-11</td></tr>
</table>

5. 提示易错栏目

（1）制单环节。“移库单”在填写时，若在准备移库环节，依据移库要求填写；若在实际移库作业中，依据实际从原库移出库数量补充填写；若在目的库收货阶段填写，则由目的库收货人依据实际收货情况签收。本任务中，“移库单”的填写过程有三个环节：

①下达移库任务时，仓管员王波按照移库需求制单。

②原库完成移库出库时，即由原库区负责人张斌组织操作工完成，将移库货品出库后，在“移库单”上填写实发数量和发货日期，并签字确认。

③货物移至目的库时，目的库负责人万刚在接收到移库货品后，组织操作工完成货品的移库上架作业，并在移库单上填写实收数量和收货日期，且签字确认。

（2）在制单之前，首先明确制单人的身份，并且确定其有无参与实际移库作业。“移库单”中，涉及的角色有“制单人”“出库人”和“收货人”。

填制“移库单”有三个环节，第一：在准备进行移库操作时，为移库作业下达任务时制作，该环节主要的制单人为仓管员；第二：即由实际参与移库作业的人员在原库出库完成后补充填写实际的发货数量；第三：在货物送达目的库收货人处时，由收货处实际收货人签收。

（3）“制单人”“出库人”“请发数量”“实发数量”“收货人”“实收数量”栏目。填写“制单人”“出库人”“实发数量”“收货人”“实收数量”栏目时，首先看制单人角色，栏目之间相互制约。第一：该角色是否参与实际移库作业；第二：确定该单据的制作环节；第三：确定实际的移库数量。具体的填制规则见表 2－8－5。

表 2－8－5

制单人		填写栏目		
角色	作业环节	请发数量	实发数量	实收数量
单证员	参与移库作业-编制环节	依据移库需求填写	不填	不填
单证员	参与移库作业-移出库环节	依据移库需求填写	实际移出库数量	不填
单证员	未参与移库作业	依据移库需求填写	不填	不填
出库人	参与出库作业-编制环节	依据移库需求填写	不填	不填
出库人	参与移库作业-移出库环节	依据移库需求填写	实际移出库数量	不填
出库人	未参与出库作业	依据移库需求填写	不填	不填
收货人	货品未送达目的库	依据收货情况填写	实际移出库数量	不填
收货人	货品送达目的库收货人处	依据收货情况填写	实际移出库数量	实际收货数量

本任务中，“移库单”的填写过程有三个环节分别由三个不同的角色填写：

①下达移库任务时，仓管员王波按照移库需求制单，只依据“移库需求”填写“请发数量”，制单人处填写：王波。此时还未开始移库作业，其他栏目不填写。

②原库完成移库出库时，即由原库区负责人张斌组织操作工完成，将移库货品出库后，在“移库单”上填写实发数量和发货日期，并签字确认。此时为补充填写，因为张斌完成了移出库的实际操作，并做单据反馈，所以填写内容中：实发数量填写实际的出库数量，出库人处填写张斌；发货日期为当天（2019 年 02 月 11 日）。其他栏目不填写。

③货物移至目的库时，目的库负责人万刚在接收到移库货品后，组织操作工完成货品的移库上架作业，补充“移库单”上的实收数量，并签收。即收货人处填写万刚，收货日期为当日（2019 年 02 月 11 日）。

任务实施

本任务分三阶段来实施。第一：在准备进行移库操作时，请你为移库作业下达任务，制作“移库单”；第二：即由实际参与移库作业的人员在原库出库完成后补充填写实际的发货数量，这项任务由班上的生活委员来完成；第三：在货物送达目的库收货人处时，由收货处实际收货人签收，此任务由班长来完成。请制作“移库单”。

项目三　运输单据

项目导读

本项目是学习物流运输中所涉及的公路货物运单、运输计划、货物清单、集货单、货物运输交接单、残损记录表、国内货物运输险投保单、报险通知书、航空运单、水路货物运单、铁路货物运单、铁路货票等单据的流转、缮制及应用。

任务一　公路运输作业——受理业务

学习目标

1. 知道公路运输受理业务流程。
2. 会缮制“作业通知单”“公路货物运单”和“国内货物运输险投保单”。
3. 会计算运费、保费。

任务导入

2019 年 02 月 08 日 14：30，天顺物流有限公司北京分公司的客服代表李薇接到来自东京商城发来的运输请求。东京商城是天顺物流有限公司的合约顾客，顾客编号为 KH001。东京商城的联系人齐飞通过邮件发来一份发货通知，有一批纸箱包装的丝蕴洗护发产品（见图 3－1－1）需要从北京发运至南京华城超市大光路门店。

1. 托运方详细信息

东京商城的地址是北京市海淀区苏州街 8 号院银丰大厦 1 号楼；联系电话 010－6345213；联系人齐飞；联系人联系电话：15834573746；邮政编码 100080。

2. 收货方详细信息

南京华城超市大光路门店的地址是江苏省南京市大光路 17 号；联系电话 025－54303918；联系人何清；联系人联系电话 13965748374；邮政编码 223001。

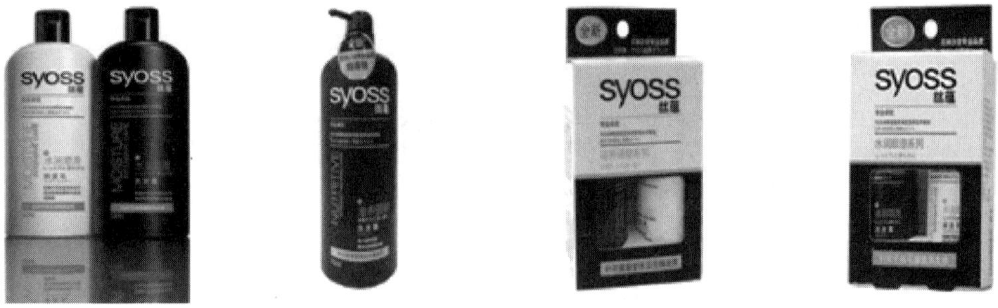

图 3 –1 –1 丝蕴洗护发产品

3. 托运货物详细信息

托运货物详细信息见表 3 –1 –1。

表 3 –1 –1

序号	货物名称	规格	外包装箱尺寸	体积	重里	数里	总体积	总重里
1	丝蕴水润顺滑润发乳	500ml×12	298×236×249（mm）	0.018 m^3	7kg/box	50 箱	0.9 m^3	350kg
2	丝蕴滋养强韧发膜	300ml×12	323×217×198（mm）	0.014m^3	5.3kg/box	50 箱	0.742 m^3	265 kg
3	丝蕴滋养强韧洗发露	500ml×12	298×236×249（mm）	0.018 m^3	7kg/box	30 箱	0.54 m^3	210 kg

4. 托运要求

A. 此批货物要求取货和送货。

B. 取货地址为托运方地址，取货时与托运方联系人联系，到货时与收货方联系人联系。到货时间要求 2019 年 02 月 10 日 17：00 之前。

C. 要求返回收货方的签字回单。

5. 结算方式

A. 结算方式为现结，货到回单后由托运方结算。

B. 此批货物为重货，运费的计算公式为：吨公里运价 × 运距 × 吨数，吨公里运价为 0.8 元。

C. 取派费用总共为 100 元，其他杂费为 50 元。

6. 投保

该批货物需要投保。

任务要求

请根据客服代表李薇获得的全部托运信息来受理该项业务。

涉及岗位

客服、调度员。

知识准备

1. 认知单据

（1）“作业通知单”。“作业通知单”是物流企业内部进行信息沟通的一种形式，是由客服人员向调度人员传递业务信息的一种单据。

（2）“公路货物运单”。“公路货物运单”是公路货物运输及运输代理的合同凭证，是运输经营者接收货物并在运输期间负责保管和据以交付货物的凭据，也是记录车辆运行和行业统计的原始凭证。公路货物运单一式3联。发货人和承运人各持运单的第一、三联，第二联随货物走。运单不是议付或可转让的单据，也不是所有权凭证。运单必须记载下列事项：运单签发日期和地点，发货人、承运人、收货人的名称和地址，货物交接地点、日期，一般常用货物品名和包装方法，货物重量、运费，海关报关须知等。

（3）“国内货物运输险投保单”。“国内货物运输险投保单”是货运企业向保险公司对运输货物进行投保的申请书，也是保险公司据以出立保险单的凭证，保险公司在收到投保单后即缮制保险单。

投保单是投保人的书面要约。投保单经投保人据实填写交付给保险人就成为投保人表示愿意与保险人订立保险合同的书面要约。

小贴士

“作业通知单”“公路货物运单”和“国内货物运输险投保单”制单依据

①“作业通知单”由客服人员依据客户的运输需求填写。

②“公路货物运单”由客服或托运组工作人员依据“作业通知单”及实际运输货物信息填写。

③“国内货物运输险投保单”由客服依据客户需求及实际运输货物信息填写。

2. 受理业务流程

（1）客服代表李薇获得全部托运信息后，登录公司系统录入相关信息后，14：35 系统自动生成的此批货物的运单号为20190208001。客服代表李薇在02月08日14：50将运单号为20190208001的托运信息编制成一张编号为ZYTZ001的“作业通知单”，见表3－1－2，并传递给公路调度员方洪。

客服代表李薇又在2019年02月08日15：00又收到东京商城联系人齐飞发来的第二份运输请求。托运方、收货方以及托运相关要求信息与上份运输请求一致，只有托运货物信息不同，具体货物信息见表3－1－3。

表 3－1－2

<table>
<tr><td colspan="11">作业通知单 1</td></tr>
<tr><td>编号</td><td colspan="10">ZYTZ001</td></tr>
<tr><td>客户名称</td><td colspan="2">乐京商城</td><td colspan="2">客户编号</td><td>KH001</td><td>是否有合约</td><td>是☑
否□</td><td>是否
取派</td><td>取 是</td><td>派 是</td></tr>
<tr><td>发货人</td><td colspan="2">齐飞</td><td colspan="2">联系电话</td><td>15834573746</td><td>收货人</td><td>何清</td><td>联系
电话</td><td colspan="2">13965748374</td></tr>
<tr><td>发货地址</td><td colspan="5">北京市海淀区苏州街8号院银丰大厦1号楼</td><td>收货地址</td><td colspan="4">江苏省南京市大光路 17 号</td></tr>
<tr><td>货物名称</td><td>批次</td><td>包装
方式</td><td>数量(件)</td><td>总重量（kg）</td><td colspan="2">总体积(m³)</td><td>发运日期</td><td>到货日期</td><td colspan="2">备注</td></tr>
<tr><td>丝蕴水润顺滑润发乳</td><td></td><td>纸箱</td><td>50</td><td>350</td><td colspan="2">0.9</td><td>2019-02-08
14:50:00</td><td>2019-02-10
17:00:00</td><td colspan="2"></td></tr>
<tr><td>丝蕴滋养强韧发膜</td><td></td><td>纸箱</td><td>50</td><td>265</td><td colspan="2">0.742</td><td>2019-02-08
14:50:00</td><td>2019-02-10
17:00:00</td><td colspan="2"></td></tr>
<tr><td>丝蕴滋养强韧洗发露</td><td></td><td>纸箱</td><td>30</td><td>210</td><td colspan="2">0.54</td><td>2019-02-08
14:50:00</td><td>2019-02-10
17:00:00</td><td colspan="2"></td></tr>
<tr><td></td><td></td><td></td><td></td><td></td><td colspan="2"></td><td></td><td></td><td colspan="2"></td></tr>
<tr><td></td><td></td><td></td><td></td><td></td><td colspan="2"></td><td></td><td></td><td colspan="2"></td></tr>
<tr><td></td><td></td><td></td><td></td><td></td><td colspan="2"></td><td></td><td></td><td colspan="2"></td></tr>
<tr><td></td><td></td><td></td><td></td><td></td><td colspan="2"></td><td></td><td></td><td colspan="2"></td></tr>
<tr><td colspan="2">制单人：</td><td colspan="4">李薇</td><td colspan="3">制单时间：</td><td colspan="2">2019-02-08
14:50:00</td></tr>
</table>

表 3－1－3

序号	货物名称	规格	外包装箱尺寸	单位体积	单位重量	数量	总体积	总重量
1	丝蕴水润顺滑小套装	（50ml 洗 +50ml 润）×24	342×258×162（mm）	0.014m³	4.66kg/box	60 箱	0.84 m³	279.6 kg
2	丝蕴滋养强韧小套装	（50ml 洗 +50ml 润）×24	323×258×162（mm）	0.014m³	4.66kg/box	100 箱	1.4 m³	466kg
3	丝蕴滋养强韧洗发露	750ml×19	313×220×282（mm）	0.019m³	8.10kg/box	80 箱	1.52 m³	648kg

客服人员登录公司系统录入订单，15：10 系统自动生成的运单号为 20190208002。客服代表李薇在 02 月 08 日 15：20 将运单号为 20190208002 的托运信息编制成一张 ZYTZ002 的“作业通知单”，见表 3－1－4，并传递给公路调度员方洪。

表 3－1－4

作业通知单 2								
编号	ZYTZ002							
客户名称	东京商城	客户编号	KH001	是否有合约	是☑ 否☐	是否取派	取 是	派 是
发货人	齐飞	联系电话	15834573746	收货人	何涛	联系电话	13965748374	
发货地址	北京市海淀区苏州街8号院银丰大厦1号楼			收货地址	江苏省南京市大光路17号			
货物名称	批次	包装方式	数量(件)	总重量（kg）	总体积(m^3)	发运日期	到货日期	备注
丝蕴水润顺滑小套装		纸箱	60	279.6	0.84	2019-02-08 15:20:00	2019-02-10 17:00:00	
丝蕴滋养强韧小套装		纸箱	100	466	1.4	2019-02-08 15:20:00	2019-02-10 17:00:00	
丝蕴滋养强韧洗发露		纸箱	80	648	1.52	2019-02-08 15:20:00	2019-02-10 17:00:00	
制单人：	李薇			制单时间：		2019-02-08 15:20:00		

（2）2019 年 02 月 08 日 15：50，调度员方洪对收到的两单货物进行分析，编制编号为 Yd2012001 的“运输计划”和单号为 QP001 的“取（派）通知单”。北京至南京的公路里程为 1141 千米、铁路里程为 1160 千米。调度人员方洪的调度安排为：安排了一辆车牌号为京 BY3055、载重为 6 吨、车容为 24 m^3 的厢车对这两笔运单进行干线运输，并安排此车司机为何伟，其联系电话号码为 13977423654。预计启动干线运输时货物装车时间为 2019 年 02 月 09 日 9：30；预计干线运输发车时间为 2012 年 02 月 09 日 10：00；预计到达时间为 2019 年 02 月 10 日 14：00。方洪安排随车货运员何伟携“取（派）通知单”和“公路货物运单”进行取货任务，预计取货所需时间为 3 小时。干线运输车辆与取派车辆使用同一车辆。2012 年 02 月 08 日 17：00 进行取货任务，赵文进行装货作业。18：00 取得货物后返回。

（3）客服人员根据托运要求，对两批货物都进行了投保，险别为基本险，基本险费率为 8‰，投保金额分别为 20000 元和 40000 元，赔付地点为始发站。李薇填制了编号为 TB20190208 的“国内货物运输险投保单”，见表 3－1－5。并传递给保险公司。

表 3－1－5

国内货物运输险投保单											
							编号：	TB20190208			
我处下列货物拟向你处投保国内货物运输保险：											
被保险人	东京商城										
标记或发票号码		保险货物名称			件数			提单或通知单号次			保险金额
		丝蕴水润顺滑润发乳			50						
		丝蕴滋养强韧发膜			50						
		丝蕴滋养强韧洗发露			30						
		丝蕴水润顺滑小套装			60						
		丝蕴滋养强韧小套装			100						
		丝蕴滋养强韧洗发露			80						
运输工具（及转载工具）	载重为6t、车容为24m³的厢车	约于	2012	年	02	月	08	日	起运	赔款偿付地点	北京
运输路线：	自	北京		经			到	南京		转载地点	
要保险别：	基本险		附加险别			基本险费率（‰）				附加险费率（‰）	
	有					8					
	投保单位（签章）		天顺物流有限公司北京分公司								
日期	2019年02月08日										

（4）客服人员李薇根据客户运输请求编制完“作业通知单”后，开始编制运单号为20190208001和运单号为20190208002的“公路货物运单”，见表3－1－6和表3－1－7。

3. 制单标准

（1）“作业通知单”。

①总重量、总体积为某种货品n件产品的合计体积和重量。业务背景中未明确给出的时候，需要自己根据所给信息进行计算。

②由于业务受理时间不同，两张作业通知单编号不同，制单时间也不同。

③业务背景中只给出要求的到货时间，未指明发运时间，所以制单时发运时间按照制单时间填制。

（2）“公路货物运单”。

①“公路货物运单”的制单人为接单的客服人员。

②托运人账号：结算方式为托运人月结的，必须填写有效的托运人账号，其他情况的，该栏目为空。

③收货人账号：该栏目为空。

④始发站、目的站、路由：请填写城市名称，如：北京；不需中转（不更换运输工具）的运单，如：北京—南京；需中转（更换运输工具）的运单，如：北京—上海—南京。

⑤起运日期：需要取货的运单填写取货时间，否则填写托运人自行送站时间；要求到货日期：依据客户要求填写到货时间；受理业务日期：受理业务日期为系统录入时间。

⑥受理单位：填写制单人的所在工作单位名称。

表 3－1－6

公路货物运单

运单号码	20190208001									
托运人姓名	齐飞	电话	15834573746	收货人姓名	何清	电话	13965748374			
单位	东京商城			单位	南京华城超市大光路门店					
托运人详细地址	北京市海淀区苏州街 8 号院银丰大厦 1 号楼			收货人详细地址	江苏省南京市大光路 17 号					
托运人账号		邮编	100080	收货人账号		邮编	223001			
取货地联系人姓名	齐飞	单位		送货地联系人姓名	何清	单位				
电话	15834573746	邮编	100C80	电话	13965748374	邮编	223001			
取货地详细地址	北京市海淀区苏州街 8 号院银丰大厦 1 号楼			送货地详细地址	江苏省南京市大光路 17 号					
始发站	北京	目的站	南京	起运日期	2019 年 02 月 08 日 17：00 时	要求到货日期	2019 年 02 月 10 日 17 时			
运距	1141	公里	全行程	1141	公里	是否取送		是否要求回执		
路由	北京—南京					取货	√	送货	√	否 / 运单 √ / 客户单据
货物名称	包装方式	件数	计费重量（kg）	体积（m^3）	取货人签字：					
丝蕴水润顺滑润发乳	纸箱	50	350	0.9		年	月	日	时	分
丝蕴滋养强韧发膜	纸箱	50	265	0.742	托运人或代理人签字或盖章：					
丝蕴滋养强韧洗发露	纸箱	30	210	0.54	实际发货件数					件
						年	月	日	时	分
					收货人或代理人签字或盖章：					
合计		130	825	2.182	实际发货件数					件
收费项	运费	取/送货费	杂费	费用小计		年	月	日	时	分
金额（元）	753.1	100	50	903.1	送货人签字：					
客户投保声明	不投保		投保	√		年	月	日	时	分
	投保金额	20000	元	保险费	160	元	备注：			
运杂费合计（大写）	零 万 壹 仟 零 佰 陆 拾 叁 元				壹 角					
结算方式										
现结	√	月结		预付款		元				
到付		付费账号								
制单人	李薇	受理日期	2019 年 02 月 08 日 14：35 时		受理单位	天顺物流有限公司北京分公司				
填写本运单前，请务必阅读背书条款，您的签名意味着您理解并接受背书条款。										

表 3－1－7

公路货物运单													
运单号码	20120908002												
托运人姓名	齐飞		电话	15834573746	收货人姓名	何涛					电话	13965748374	
单位	东京商城				单位	南京华城超市大光路门店							
托运人详细地址	北京市海淀区苏州街 8 号院银丰大厦 1 号楼				收货人详细地址	江苏省南京市大光路 17 号							
托运人账号			邮编	100080	收货人账号						邮编	223001	
取货地联系人姓名	齐飞		单位		送货地联系人姓名	何涛					单位		
电话	15834573746		邮编	100080	电话	13965748374					邮编	223001	
取货地详细地址	北京市海淀区苏州街 8 号院银丰大厦 1 号楼				送货地详细地址	江苏省南京市大光路 17 号							
始发站	北京	目的站	南京		起运日期	2012 年 02 月 08 日 17：00 时			要求到货日期	2019 年 02 月 10 日 17 时			
运距	1141	公里	全行程	1141 公里	是否取送				是否要求回执				
路由	北京—南京				取货	√	送货	√	否		运单	√	客户单据
货物名称	包装方式	件数	计费重量（kg）	体积（m^3）	取货人签字：								
丝蕴水润顺滑小套装	纸箱	60	279.6	0.84		年		月		日		时	分
丝蕴滋养强韧小套装	纸箱	100	466	1.4	托运人或代理人签字或盖章：								
丝蕴滋养强韧洗发露	纸箱	80	648	1.52	实际发货件数								件
						年		月		日		时	分
					收货人或代理人签字或盖章：								
合计		240	1393.6	3.76	实际发货件数								件
收费项	运费	取/送货费	杂费	费用小计		年		月		日		时	分
金额（元）	1272.1	100	50	1422.1	送货人签字：								
客户投保声明	不投保		投保	√		年		月		日		时	分
	投保金额	40000	元	保险费 320	元	备注：							
运杂费合计（大写）	零 万 壹 仟	柒 佰	肆 拾	贰 元	壹 角								
结算方式													
现结	√	月结		预付款		元							
到付			付费账号										
制单人	李薇	受理日期	2019 年 02 月 08 日 15：10 时		受理单位	天顺物流有限公司北京分公司							
填写本运单前，请务必阅读背书条款，您的签名意味着您理解并接受背书条款。													

⑦取货人签字、签字时间：实际取货的工作人员签字和签字时间。

⑧签字盖章处均应为空白，直到返单的时候才会有签字或盖章。

⑨金额保留到小数点后一位。

（3）“国内货物运输险投保单”。

①被保险人应为被保险的单位全称。

②运输工具应与调度安排的运输工具规格一致。

③赔款偿付地点为始发站。

④运输路线未有中转地点的请填“无”或不填。

⑤投保单位为承运方。

⑥投保时间为客服人员填单时间。

4. 提示易错栏目

“公路货物运单”

①“托运人”“取货地联系人”“收货人”“送货地联系人”栏目。以上四个栏目要求依据任务内容填写各种角色的具体名称、电话、单位、地址等信息。一般情况下，“托运人”和“取货地联系人”信息内容一致，“收货人”和“送货地联系人”信息一致。

这四个栏目的填写依据“是否取送”栏目，具体填制规则见表3－1－8。

表3－1－8

是否取送	“托运人”和“取货地联系人”	“收货人”和“送货地联系人”
取—不送	一致	不一致
取—送	一致	一致
不取—送	不一致	一致
不取—不送	不一致	不一致

②“全程”“全行程”。依据提供的“里程表”计算出全程的运距，有中转运输的，特别注意。

③“费用合计”栏目。费用栏目包括：运费、杂费、取/送货费、保费等。“费用小计”栏目包括运费、杂费、取/送货费三个费用合计，“运杂费合计（大写）”栏目包括“费用小计”与“保险费”合计。“费用小计”可直接计算，填写“运杂费合计（大写）”时，首先确定是否有投保。保费＝保险金额×投保费率。

④“三个日期”。“起运日期”：需要取货的运单请填写取货时间，否则填写托运人自行送站时间。“要求到货日期”：依据“发货通知”填写客户的要求到货时间。“受理日期”：承运人受理并填制“公路货物运单”的时间。

任务实施

以物流公司客服人员李薇的身份完成两张“作业通知单”、两张“公路货物运单”、一张“国内货物运输险投保单”的制作。

任务二 公路运输作业——调度安排

学习目标

1. 知道公路运输调度安排流程；
2. 会缮制“运输计划”“取（派）通知单”和“货物清单”；
3. 会计算货物的总重量和总体积以确定运输车辆。

任务导入

2019 年 02 月 08 日 15：50，调度人员方洪根据客服人员李薇发来的两单“作业通知单”和“公路货物运单”进行分析，根据所提供的信息以及结合本公司的资源情况，进行车辆、人员及运输线路等安排工作。方洪编制编号为 Yd2012001 的“运输计划”。由于此批业务需要进行取货和送货，所以根据需要，方洪编制单号为 QP001 的取货送货凭证“取（派）通知单”。安排随车货运员何伟携“取（派）通知单”和空白的《公路货物运单》进行取货任务。干线运输车辆与取派车辆使用同一车辆。

任务要求

请替调度人员方洪安排好干线运输和取货任务。

涉及岗位

调度员、货车司机。

知识准备

1. 认知单据

（1）“运输计划”。计划调度根据本站始发及转运货物的运单需求及陆运要求，根据本站实际资源，平衡运力与运量、流向与流量，从陆运中选择合理路由，并以运输计划单形式向执行调度下达作业指令的操作环节。运输计划有二联，第一联为计划联，第二联为执行联。

（2）“取（派）通知单”。“取（派）通知单”用于市内短途取派货物时使用。是计划调度给货运站作业人员下达取货或送货指令后，货运员持此单到客户处取货或送货，并在单据上记录配送商品信息，待到客户处时，签收并带回场站存根。取（派）通知单有三联，第一联为留存联，第二联为司机联，第三联为客户联。

（3）“货物清单”。“货物清单”一般与“公路货物运单”一起备注说明信息给承运人各站点查看货物的单据。

小贴士

"运输计划""取（派）通知单"和"货物清单"制单依据

①"运输计划"由始发站调度人员依据客户的运单需求及陆运要求，根据本站实际资源，平衡运力与运量、流向与流量来填写；

②"取（派）通知单"由调度人员根据客户运单需求及市内短途取或派需要填写；

③"货物清单"。当一次运输的物品类型较多，为了方便核对物品信息，调度人员根据物品信息制作"货物清单"，并将"货物清单"附注在"公路货物运单"之后。

2. 调度安排流程

（1）2019 年 02 月 08 日 15：50，调度员方洪对收到的两单货物进行分析，编制编号为 Yd2019001 的"运输计划"和单号为 QP001 的"取（派）通知单"。方洪查询到北京至南京的公路里程为 1141 千米、铁路里程为 1160 千米。调度人员方洪的调度安排为：安排了一辆车牌号为京 BY3055、载重为 6 吨、车容为 $24m^3$ 的厢车对这两笔运单进行干线运输，并安排此车司机为何伟，其联系电话号码为 13977423654。预计启动干线运输时货物装车时间为 2019 年 02 月 09 日 9：30；预计干线运输发车时间为 2019 年 02 月 09 日 10：00；预计到达时间为 2019 年 02 月 10 日 14：00。方洪安排随车货运员何伟携"取（派）通知单"和"公路货物运单"进行取货任务，预计取货所需时间为 3 小时。干线运输车辆与取派车辆使用同一车辆。2019 年 02 月 08 日 17：00 进行取货任务，赵文进行装货作业。18：00 取得货物后返回。制作完成的"运输计划"和"取（派）通知单"见表 3－2－1 和表 3－2－2。

（2）由于此次运输的物品类型较多，为了方便核对物品信息，调度人员方洪根据物品信息制作"货物清单"，并将"货物清单"附注在"公路货物运单"之后。制作完成的"货物清单"见表 3－2－3 和表 3－2－4。

3. 制单标准

（1）"运输计划"。

①发运时间：车辆在始发站的预计发运时间；发运时间应与发车时间一致。

②计费里程、全行程：始发站到目的站的公路里程。

③备用金：预留字段，填写 0。

④预计装载量：该车辆所运货物的总重量；多种货品时需要进行计算后获得。

⑤到达时间（始发站、经停站、目的站）：分别填写车辆在经停站、目的站的预计到达时间，始发站到达时间可不填或可用"——"标识；如果在背景信息中准确给出预计到达时间按背景信息填写，未准确给出的填写托运要求中要求的到货时间。

⑥发车时间（始发站、经停站、目的站）：分别填写车辆在始发站、经停站的预计发车时间，目的站到达时间可不填或可用"——"标识；如果在背景信息中准确给出预计发车时间按背景信息填写，未准确给出的填写调度员编制运输计划的时间。

表 3－2－1

运输计划

发运时间：	2019 年 02 月 09 日					编号：	Yd2012001		
车牌号	京 BY3055	核载(T)	6	车容(m³)	24	—	始发站	经停站	目的站
计费里程(km)	1141	司机	何伟	联系方式	13977423654	到达时间	—	—	2019-02-10 14:00:00
全行程(km)	1141	备用金（元）	0	预计装载量	2218.6kg	发车时间	2019-02-09 10:00:00	—	—

经停站

发货人	发货地址	货物名称	包装方式	数量（件）	重量(kg)	体积(m³)	收货人	收货地址	收货时间	备注

目的站

发货人	发货地址	货物名称	包装方式	数量（件）	重量(kg)	体积(m³)	收货人	收货地址	收货时间	备注
东京商城	北京市海淀区苏州街8号院银丰大厦1号楼	丝蕴水润顺滑润发乳	纸箱	50	350	0.9	南京华城超市大光路门店	江苏省南京市大光路17号	2019-02-10 17:00:00	
东京商城	北京市海淀区苏州街8号院银丰大厦1号楼	丝蕴滋养强韧发膜	纸箱	50	265	0.742	南京华城超市大光路门店	江苏省南京市大光路17号	2019-02-10 17:00:00	
东京商城	北京市海淀区苏州街8号院银丰大厦1号楼	丝蕴滋养强韧洗发露	纸箱	30	210	0.54	南京华城超市大光路门店	江苏省南京市大光路17号	2019-02-10 17:00:00	
东京商城	北京市海淀区苏州街8号院银丰大厦1号楼	丝蕴水润顺滑小套装	纸箱	60	279.6	0.84	南京华城超市大光路门店	江苏省南京市大光路17号	2019-02-10 17:00:00	
东京商城	北京市海淀区苏州街8号院银丰大厦1号楼	丝蕴滋养强韧小套装	纸箱	100	466	1.4	南京华城超市大光路门店	江苏省南京市大光路17号	2019-02-10 17:00:00	
东京商城	北京市海淀区苏州街8号院银丰大厦1号楼	丝蕴滋养强韧洗发露	纸箱	80	648	1.52	南京华城超市大光路门店	江苏省南京市大光路17号	2019-02-10 17:00:00	

表 3－2－2

<table>
<tr><th colspan="9">取（派）通知单</th></tr>
<tr><td>单号</td><td colspan="3">QP001</td><td>操作站</td><td colspan="4">北京</td></tr>
<tr><td rowspan="2">资源</td><td>车辆</td><td>1</td><td>辆</td><td>车型</td><td colspan="4">载重为 6t、车容为 24 m³ 的厢车</td></tr>
<tr><td>货运员</td><td>1</td><td>人</td><td>预计操作时间</td><td colspan="3">3</td><td>小时</td></tr>
<tr><td>总数量</td><td>370</td><td>件</td><td>总重量</td><td>2218.6</td><td>kg</td><td>总体积</td><td>5.942</td><td>m³</td></tr>
</table>

客户信息							
运单号	顺序号	地址	电话	姓名	取派类型	是否返单	是否收款
20190208001	1	北京市海淀区苏州街 8 号院银丰大厦 1 号楼	15834573746	齐飞	取	是	否
20190208002	2	北京市海淀区苏州街 8 号院银丰大厦 1 号楼	15834573746	齐飞	取	是	否

货品信息					
运单号	货品名称	件数（件）	重量(kg)	体积(m³)	备注
20190208001	丝蕴水润顺滑润发乳	50	350	0.9	
20190208001	丝蕴滋养强韧发膜	50	265	0.742	
20190208001	丝蕴滋养强韧洗发露	30	210	0.54	
20190208002	丝蕴水润顺滑小套装	60	279.6	0.84	
20190208002	丝蕴滋养强韧小套装	100	466	1.4	
20190208002	丝蕴滋养强韧洗发露	80	648	1.52	
填表人：	方洪	填表时间：	2019-02-08 15：50		

表 3－2－3

货物清单

起运地点：北京　　运单号：20190208001

装货人姓名：赵文　　装货日期：2019-02-08 17：00

序号	货物名称	包装形式	单位	数量（件）	重量（kg）	体积 长×宽×高（cm）	保价 价格（元）
1	丝蕴水润顺滑润发乳	纸箱	件	50	350	900000	
2	丝蕴滋养强韧发膜	纸箱	件	50	265	742000	
3	丝蕴滋养强韧洗发露	纸箱	件	30	210	540000	

备注：

托运人（签字或盖章）：齐飞　　承运人（签字或盖章）：何伟

日期：2019 年 02 月 08 日　　日期：2019 年 02 月 08 日

注：凡不属同一货名、同规格、同包装的货物，在一张货物运输单不能逐一填写的，可填货物清单。

表 3－2－4

货物清单

起运地点：北京　　运单号：20190208002

装货人姓名：赵文　　装货日期：2019-02-08 17：00

序号	货物名称	包装形式	单位	数量（件）	重量（kg）	体积 长×宽×高（cm）	保价 价格（元）
1	丝蕴水润顺滑小套装	纸箱	件	60	279.6	840000	
2	丝蕴滋养强韧小套装	纸箱	件	100	466	1400000	
3	丝蕴滋养强韧洗发露	纸箱	件	80	648	1520000	

备注：

托运人（签字或盖章）：齐飞　　承运人（签字或盖章）：何伟

日期：2019 年 02 月 08 日　　日期：2019 年 02 月 08 日

注：凡不属同一货名、同规格、同包装的货物，在一张货物运输单不能逐一填写的，可填货物清单。

⑦经停站托运订单信息：填写车辆所载货物中目的站为本车辆经停站的托运订单信息，其中发货人填写托运人单位，重量、体积为某条托运订单信息中的总重量和总体积，收货人填写收货人单位，收货时间为托运人的要求到货时间；不需中转的经停站时间可不填，或可用“——”标识。

⑧目的站托运订单信息：填写车辆所载货物中目的站为本车辆目的站的托运订单信息，其中发货人填写托运人单位，重量、体积为某条托运订单信息中的总重量和总体积，收货人填写收货人单位，收货时间为托运人的要求到货时间。

（2）“取（派）通知单”。

①操作站为填表人所在站点。

②车型处标明车载、车容、车型信息。

③总数量、总体积、总重量为所有货物的各个指标的总和，需要进行计算得出。

④预计操作时间根据任务背景信息中所提供的信息填写，不可随意填写。

⑤顺序号为取派先后顺序，以接单先后顺序填写。

⑥姓名、电话填写联系人姓名和电话。

⑦取派类型处填写“取”或“派”，根据执行的实际任务来填写。

⑧根据运输要求需要返单。

⑨填表时间按照任务背景中所提示的时间填写。

⑩根据任务要求，在货物送达收货人处，返回所需单证后向托运人收取全部收款，所以取货时暂不收取货款。

（3）“货物清单”。

①单位：台、套、个、支、件、处。

②装货人为取货时装货人员；装货时间为取货时的装车时间。

③托运人为取货方（货主）联系人。

④数量、重量、体积为总数量、总重量、总体积：分别填写所集货物的件数之和、重量之和及体积之和。

⑤承运人处由取货人员（司机或货运员）签字。

⑥货物名称、包装方式：分别填写货物的品名（品名是指货物的具体品名，而不是指种类名字，如应为维达卫生纸，而不应为卫生纸）、包装方式（如纸箱）。

⑦承运人应为取货司机何伟或者跟随司机取货的货运员。

⑧日期为取得货物的时间。

4. 提示易错栏目

“运输计划”

（1）始发站、经停站、目的站、到达时间、发车时间几个栏目的填写。填写时为调度计划阶段，班车的出发时间可确定。具体填制对应关系见表 3 – 2 – 5。

表 3-2-5

运输方式	时间	站点时间		
		始发站	经停站	目的站
无中转运输	到达时间	不填，填了即为错	不填，填了即为错	填写预计到达时间
	发车时间	填写预计发车时间	不填，填了即为错	不填，填了即为错
中转运输	到达时间	不填，填了即为错	填写预计到达时间	填写预计到达时间
	发车时间	填写预计发车时间	填写预计发车时间	不填，填了即为错

（2）经停站收货时间、目的站收货时间。填写时为调度计划送货时间，到达经停站和目的站的具体时间无法估计，这两个时间填制经停站和目的站客户要求的到货时间。

任务实施

以调度人员方洪的身份制作“运输计划”“取（派）通知单”和两单“货物清单”。

任务三　公路运输作业——集货发运

学习目标

1. 知道公路运输集货发运流程。
2. 会缮制“集货单”“货物运输交接单”和“到货预报表”。

任务导入

调度员方洪按订单信息编制的“运输计划”和单号为 QP001 的《取（派）通知单》，安排了一辆车牌号为京 BY3055、载重为 6 吨、车容为 24m^3 的厢车对这两笔运单进行干线运输与取货，预计启动干线运输时货物装车时间为 2019 年 02 月 09 日 9：30；预计干线运输发车时间为 2019 年 02 月 09 日 10：00；预计到达时间为 2019 年 02 月 10 日 14：00。2019 年 02 月 09 日 8：00，调度人员方洪编制单据号为 JH001 的“集货单”，发送指令至场站人员王翼，规定当日 9：30 前必须集货到北京站的场站。

货物于 2019 年 02 月 09 日 10：00 时装车，场站调度人员王翼负责监督装车工作，并根据集货情况，编制编号为 YSJJD001 的“货物运输交接单”。货物封号为 F001，共封锁 1 枚。货物于 10：30 装车完毕，并 11：00 发车出站进行干线运输，方洪与干线运输司机进行电话联系，预知其到达目的站时间，向南京站调度员常明发送编号为 DHYBB001 的“到货预报表”，预计到货时间 2019 年 02 月 10 日 16：00。

任务要求

请替调度人员方洪和场站调度人员王翼安排好集运发货任务。

涉及岗位

调度员、场站调度。

知识准备

1. 认知单据

（1）“集货单”。“集货单”是调度人员传递给场站人员对所需集中运输的货物集中到指定货位，等待发运的一种单据，是用来指引场站人员进行正确集货，以及为干线运输工作做好相应的准备工作。集货单有三联，分别为调度联、场站联和统计联。“集货单”有指定的集货时间，错过时间会影响货物的准时运输。

（2）“货物运输交接单”。“货物运输交接单”是承运人运输的货物在不同站点之间进行货物交接时用到的单据，主要用于记录货物在收发货人交接时的状态、商品名称和数量等信息。“货物运输交接单”一旦由不同的角色签收，则所属人承担的责任也不同。“货物运输交接单”有五联，第一联为发站留存统计联，第二联为司机联，第三联为到站留存统计联，第四联为到站站务员留存联，第五联为发站站务员留存联。

（3）“到货预报表”。“到货预报表”是物流公司内部在进行干线运输时，为方便收货站及时为到站货物做好准备工作而传递业务信息的一种单据。“到货预报表”有二联，一联为留存联，一联为通知联。

> **小贴士**
>
> **“集货单”“货物运输交接单”和“到货预报表”制单依据**
>
> ①“集货单”由计划调度按订单信息编制“运输计划”，来填写“集货单”；通常是由两张及以上运单集合在一起，形成拼车运输才需要制作的单据；
>
> ②“货物运输交接单”由场站调度根据货物在运输站点的移交需求编制的单据；
>
> ③“到货预报表”由计划调度在货物进行干线运输后为到站货物做好准备而制作传递的单据。

2. 集货发运的流程

（1）调度员方洪按订单信息编制“运输计划”，填写“集货单”（表 3－3－1），交给站务员。“集货单”使用流程见图 3－3－1。

（2）站务员每集完一票货，在相应的备注栏填写实际收货情况并签字确认。

（3）集完货后，第二联站务留存，其余两联交回执行调度方洪。

表 3－3－1

<table>
<tr><th colspan="11">集货单</th></tr>
<tr><td>单据号</td><td colspan="2">JH001</td><td>始发站</td><td colspan="2">北京</td><td colspan="2">集货截止时间</td><td colspan="3">2019-02-09 09:30:00</td></tr>
<tr><td>班车编号</td><td colspan="2"></td><td>到达站</td><td colspan="2">南京</td><td colspan="2">预计装车时间</td><td colspan="3">2019-02-09 09:30:00</td></tr>
<tr><td>车牌号</td><td colspan="2">京 BY3055</td><td>总数量（件）</td><td colspan="2">370</td><td colspan="2">发车时间</td><td colspan="3">2019-02-09 10:00:00</td></tr>
<tr><td>总重量（kg）</td><td colspan="2">2218.6</td><td>总体积（m³）</td><td colspan="2">5.942</td><td colspan="2">到站时间</td><td colspan="3">2019-02-10 14:00:00</td></tr>
<tr><td>序号</td><td>运单号</td><td>发货人</td><td>发货地址</td><td>货物名称</td><td>包装方式</td><td>收货人</td><td>件数（件）</td><td>重量（kg）</td><td>体积（m³）</td><td>备注</td></tr>
<tr><td>1</td><td>20190208001</td><td>东京商城</td><td>北京市海淀区苏州街 8 号院银丰大厦 1 号楼</td><td>丝蕴水润顺滑润发乳</td><td>纸箱</td><td>南京华城超市大光路门店</td><td>50</td><td>350</td><td>0.9</td><td></td></tr>
<tr><td>2</td><td>20190208001</td><td>东京商城</td><td>北京市海淀区苏州街 8 号院银丰大厦 1 号楼</td><td>丝蕴滋养强韧发膜</td><td>纸箱</td><td>南京华城超市大光路门店</td><td>50</td><td>265</td><td>0.742</td><td></td></tr>
<tr><td>3</td><td>20190208001</td><td>东京商城</td><td>北京市海淀区苏州街 8 号院银丰大厦 1 号楼</td><td>丝蕴滋养强韧洗发露</td><td>纸箱</td><td>南京华城超市大光路门店</td><td>30</td><td>210</td><td>0.54</td><td></td></tr>
<tr><td>4</td><td>20190208002</td><td>东京商城</td><td>北京市海淀区苏州街 8 号院银丰大厦 1 号楼</td><td>丝蕴水润顺滑小套装</td><td>纸箱</td><td>南京华城超市大光路门店</td><td>60</td><td>279.6</td><td>0.84</td><td></td></tr>
<tr><td>5</td><td>20190208002</td><td>东京商城</td><td>北京市海淀区苏州街 8 号院银丰大厦 1 号楼</td><td>丝蕴滋养强韧小套装</td><td>纸箱</td><td>南京华城超市大光路门店</td><td>100</td><td>466</td><td>1.4</td><td></td></tr>
<tr><td>6</td><td>20190208002</td><td>东京商城</td><td>北京市海淀区苏州街 8 号院银丰大厦 1 号楼</td><td>丝蕴滋养强韧洗发露</td><td>纸箱</td><td>南京华城超市大光路门店</td><td>80</td><td>648</td><td>1.52</td><td></td></tr>
<tr><td>甩货说明</td><td colspan="10"></td></tr>
<tr><td>填表人：</td><td colspan="3">方洪</td><td>填表时间：</td><td>2019</td><td>年</td><td>02</td><td>月</td><td>09</td><td>日</td></tr>
</table>

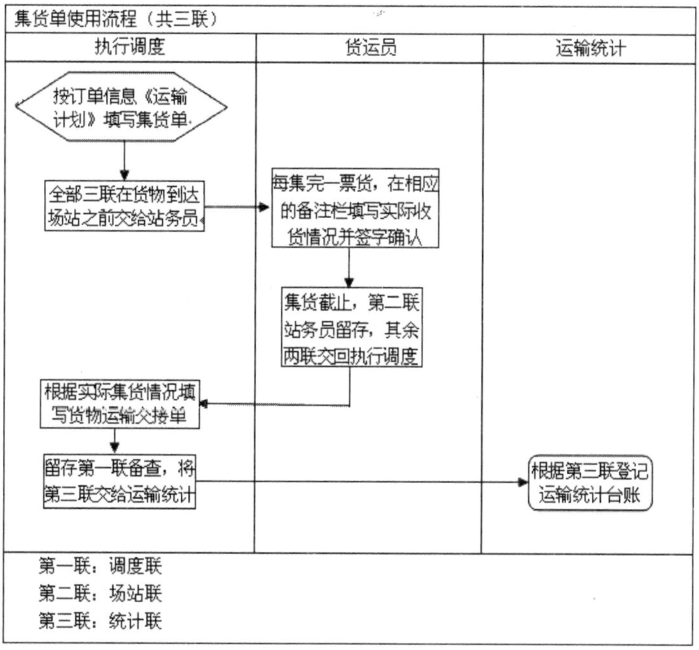

图 3－3－1

（4）方洪将五联“货物运输交接单”（表 3－3－2）给场站调度人员，王翼装车完毕详细填写发站记事并签字，留存第五联，其余交回执行调度。“货物运输交接单”使用流程如图 3－3－2 所示。

表 3－3－2

货物运输交接单									
编号：	YSJJD001								
始发站	北京	车牌号	京 BY3055	核载（t）	6	发车时间	2019-02-09 11:00:00		
目的站	南京	车辆性质	厢车	车容（m³）	24	预达时间	2019-02-10 16:00:00		
序号	运单号	客户名称	包装方式	货物名称	件数（件）	总体积（m³）	总重量（kg）	备注	
1	20190208001	东京商城	纸箱	丝蕴水润顺滑润发乳	50	0.9	350		
2	20190208001	东京商城	纸箱	丝蕴滋养强韧发膜	50	0.742	265		
3	20190208001	东京商城	纸箱	丝蕴滋养强韧洗发露	30	0.54	210		
4	20190208002	东京商城	纸箱	丝蕴水润顺滑小套装	60	0.84	279.6		
5	20190208002	东京商城	纸箱	丝蕴滋养强韧小套装	100	1.4	466		
6	20190208002	东京商城	纸箱	丝蕴滋养强韧洗发露	80	1.52	648		
合计					370	5.942	2218.6		
发站记事	施封：	封锁　1　枚；	封号：F001	随车设备		发站调度	发货人	司机	到站调度
到站记事	施封：	施封　　枚；	封号：	到达时间		方洪	王翼	何伟	
	收货及货损描述								
制单人：	王翼			制单时间：	2019-02-09				

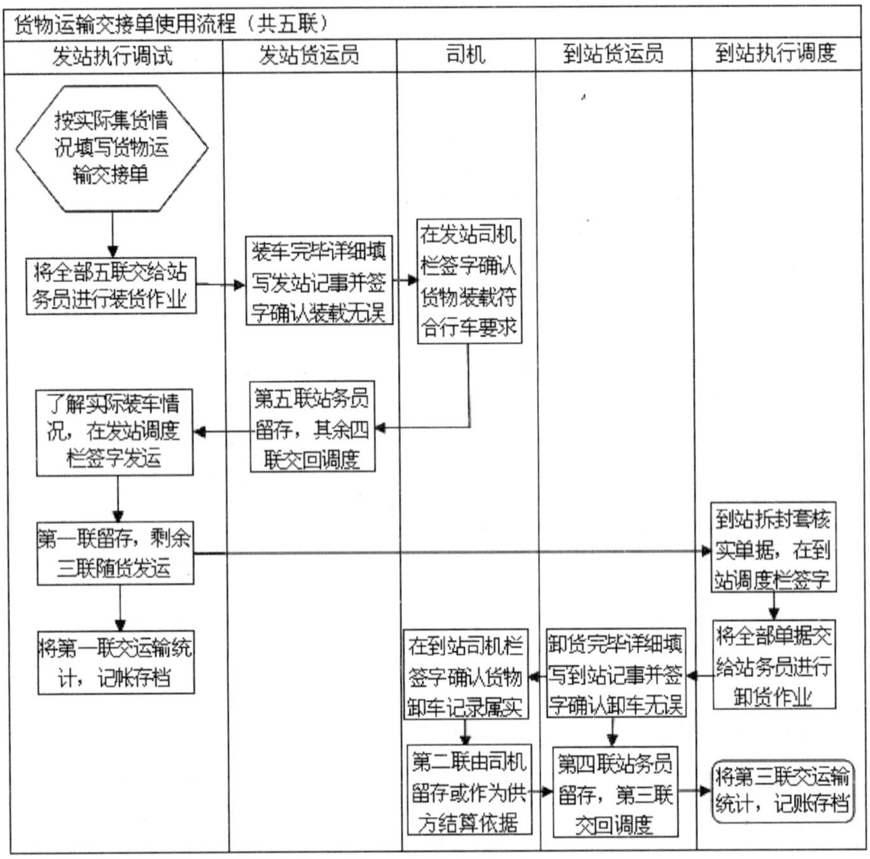

图3-3-2

（5）方洪留存第一联，其余三联随货发运。

（6）方洪为方便收货站及时为到站货物做好准备工作而制作并传真了“到货预报表”（表3-3-3）。

3. 制单标准

（1）“集货单”。

①单据号、班车编号、车牌号、运单号：分别填写“集货单”的单号、取货车辆的班车编号、取货车的车牌号、各运单的运单号码。

②集货截止时间：填写集货结束的时间。

③发车时间、到站时间：分别填写预计货物装好车的出发时间、预计货物到达目的站的时间。

④总数量、总体积：分别填写货物的总数、货物的体积之和。

⑤发货人、发货地址：分别填写货物的发货单位、货物发货单位的地址。

⑥始发站、目的站：填写城市名称，如：广州。

⑦备注处无信息请填写“无”或不填。

⑧制单人：填写初次填写单据的工作人员；“集货单”应由始发站调度人员填写。

表 3-3-3

到货预报表

单据号		DHY88001		始发站	北京		发车时间	2019-02-09 10:30:00			
班车编号		无		到达站	南京		到站时间	2019-02-10 16:00:00			
车牌号		京 BY3055		司机姓名	何伟		联系方式	13977423654			
总数量		370	件	总重量	2218.6	kg	总体积	5.942			m³
序号	运单号	客户名称	客户订单号	货物名称	包装方式	终点站	收货人地址	件数(件)	重量(kg)	体积(m³)	备注
1	20190208001	东京商城	无	丝蕴水润顺滑润发乳	纸箱	南京	江苏省南京市大光路17号	50	350	0.9	无
2	20190208001	东京商城	无	丝蕴滋养强韧发膜	纸箱	南京	江苏省南京市大光路17号	50	265	0.742	无
3	20190208001	东京商城	无	丝蕴滋养强韧洗发露	纸箱	南京	江苏省南京市大光路17号	30	210	0.54	无
4	20190208002	东京商城	无	丝蕴水润顺滑小套装	纸箱	南京	江苏省南京市大光路17号	60	279.6	0.84	无
5	20190208002	东京商城	无	丝蕴滋养强韧小套装	纸箱	南京	江苏省南京市大光路17号	100	466	1.4	无
6	20190208002	东京商城	无	丝蕴滋养强韧洗发露	纸箱	南京	江苏省南京市大光路17号	80	648	1.52	无
合计								370	2218.6	5.942	
填表人:		方洪				填表时间:		2019-02-09			

（2）“货物运输交接单”。

①单据号、车牌号、运单号：分别填写“货物运输交接单”的单号、干线运输货车的车牌号、各运单的运单号码。

②发车时间、预达时间：分别填写实际货物装好车的出发时间、预计货物到达目的站的时间。

③发货人：为场站发货人。

④始发站、目的站：填写城市名称，如：广州。

⑤车辆性质：填写车辆类别。

⑥制单人：请填写初次填写单据的工作人员；制单为发站处场站调度人员。

⑦客户名称：填写托运方单位名称。

（3）“到货预报表”。

①单据号、班车编号、车牌号：分别填写“到货预报表”的单号、干线运输车辆的班车编号、干线运输车辆的车牌号。

②发车时间、到站时间：分别填写实际货物装好车的出发时间、预计货物到达目的站的时间。

③总数量、总体积：分别填写货物的总数、货物的体积之和。

④始发站、目的站：填写城市名称，如：广州。

⑤客户订单号、备注处无信息可填写“无”或不填。

⑥制单人：填写初次填写单据的工作人员；“到货预报表”应由始发站调度人员填写。

根据货品规格及堆码要求，由操作工朱军对货品进行堆码作业。

4. 提示易错栏目

（1）“集货单”。

①总数量、总重量、总体积：需要求和计算。

②各时间栏目的填写。

（2）“货物运输交接单”。

发站记事、到站记事。

在始发站和到站必须填写施封和封号，保证货物在运输途中未被修改。

填制单据时，要确定单据的填制阶段，若在始发站接收货物时填写，到站记事不填写；若在到达目的站进行货物交接时，填写到站记事信息。

任务实施

请分别以调度人员方洪、发站处场站调度人员身份制作“集货单”“货物运输交接单”和“到货预报表”。

任务四 公路运输作业——到达派送

学习目标

1. 独立完成到达派送工作并会对货物的残损进行处理；
2. 会缮制“残损记录表”和“报险通知书”。

任务导入

2019年02月10日9：00到达南京。货物到达南京场站后，南京站调度人员常明对到站货物进行检查，封锁正常确认为货物无异常。常明与收货联系人进行电话沟通。获知可进行派送活动后，常明于2019年02月10日9：30编制编号为QP002的“取（派）通知单”，并安排梁峰为派送司机，使用同种类型的车辆进行派送任务。派送车辆的车牌号为NJ8733，司机梁峰的联系电话为15037574837。物品派送至收货方的时间为02月10日14：00。货物到达收货地点后梁峰将所有单据签单返回，向托运方收取托运费用。

14：30，货物到达南京华城超市大光路门店后，收货联系人何清在对货物进行验收时，发现有3箱丝蕴滋养强韧小套装的包装被挤压形成破损，造成该批货物不能正常销售，预估残损货物价值约为580元。南京站调度人员常明立即对该批货物进行施封检查记录查询以及现场鉴定。查询和鉴定结果为：残损3件，责任人为何伟。

15：00，南京调度常明将结果报告给天顺物流有限公司北京站客服人员李薇。李薇根据报告结果，对南京华城超市大光路门店采取赔偿货物损失的措施，并填制编号为CS2012001的“残损记录表”，处理结果为向保险公司索赔。16：30，客服人员李薇将填制完毕的“报险通知书”发送至保险公司办理索赔。由货物所属站陆运保险员霍启飞来负责跟进，联系方式为18643746575。两个工作日过后，保险公司霍启飞给予反馈，最终实际理赔金额为490元。

任务要求

请根据上述情景完成到达派送相关工作并制作到达派送相关单证。

涉及岗位

货运司机、到站调度员、客服、陆运保险员。

知识准备

1. 认知单据

（1）“残损记录表”。“残损记录表”是由操作站对货物进行检查时发现货物损坏时进行记录的一种单证。是用来记录和指明货物损坏所处的操作环节以及主要负责人，同时提出解决方案的一种单证。

（2）“报险通知书”。“报险通知书”是对残损的货物报保险公司索赔及保险公司受理结果处理的记录单据。

小贴士

“残损记录表”和“报险通知单”制单依据

①“货物运输交接单”。当“货物运输交接单”到达目的站时，启封、检验货物人员对货物启封后的状态进行记录和反馈，在“货物运输交接单”到站记事栏内填写。

②“取（派）通知单”由目的站调度根据客户需求信息重新编制。

③“残损记录表”由客服人员依据货物损坏的实际情况填写。

④“报险通知单”由客服人员与保险公司人员沟通后填写。

2. 到达派送的流程

（1）货物从北京到达南京站后，南京站调度人员对司机人员携带的“货物运输交接单”进行信息的填制（填制货物运输交接单）。先检查货物施封情况，后确认货物是否有损坏以及损坏情况。见表 3－4－1。

（2）根据此批货物的要求，需要进行派送任务。南京站调度人员常明编制编号为 QP002 的“取（派）通知单”安排南京站司机携带“取（派）通知单”并进行派送任务。填制“取（派）通知单”，见表 3－4－2。

（3）货物到达南京华城超市大光路门店后，收货联系人何清在对货物进行验收时，发现有 3 箱丝蕴滋养强韧小套装的包装被挤压形成破损。何清联系了东京商城，东京商城确认货损之后又向天顺物流有限公司请求赔偿。南京站调度人员常明立即对该批货物进行施封检查记录查询以及现场鉴定。将结果报告给天顺物流有限公司北京站客服人员李薇。李薇根据报告结果，对南京华城超市大光路门店采取赔偿货物损失的措施，并填制编号为 CS2019001 的“残损记录表”，处理结果为向保险公司办理索赔。见表 3－4－3。

（4）客服人员李薇将填制完毕的“报险通知书”发送至保险公司办理索赔。由货物所属站陆运保险员霍启飞来负责跟进。两个工作日过后，保险公司最终实际索赔金额为 490 元，如表 3－4－4 所示。

表 3-4-1

<table>
<tr><th colspan="10">货物运输交接单</th></tr>
<tr><td>编号：</td><td colspan="9">YSJJD001</td></tr>
<tr><td>始发站</td><td>北京</td><td>车牌号</td><td>京 BY3055</td><td>核载(t)</td><td>6</td><td>发车时间</td><td colspan="3">2019-02-09 11:00:00</td></tr>
<tr><td>目的站</td><td>南京</td><td>车辆性质</td><td>厢车</td><td>车容(m^3)</td><td>24</td><td>预达时间</td><td colspan="3">2019-02-10 16:00:00</td></tr>
<tr><td>序号</td><td>运单号</td><td>客户名称</td><td>包装方式</td><td>货物名称</td><td>件数（件）</td><td>总体积(m^3)</td><td>总重量(kg)</td><td colspan="2">备注</td></tr>
<tr><td>1</td><td>20190208001</td><td>东京商城</td><td>纸箱</td><td>丝蕴水润顺滑润发乳</td><td>50</td><td>0.9</td><td>350</td><td colspan="2"></td></tr>
<tr><td>2</td><td>20190208001</td><td>东京商城</td><td>纸箱</td><td>丝蕴滋养强韧发膜</td><td>50</td><td>0.742</td><td>265</td><td colspan="2"></td></tr>
<tr><td>3</td><td>20190208001</td><td>东京商城</td><td>纸箱</td><td>丝蕴滋养强韧洗发露</td><td>30</td><td>0.54</td><td>210</td><td colspan="2"></td></tr>
<tr><td>4</td><td>20190208002</td><td>东京商城</td><td>纸箱</td><td>丝蕴水润顺滑小套装</td><td>60</td><td>0.84</td><td>279.6</td><td colspan="2"></td></tr>
<tr><td>5</td><td>20190208002</td><td>东京商城</td><td>纸箱</td><td>丝蕴滋养强韧小套装</td><td>100</td><td>1.4</td><td>466</td><td colspan="2"></td></tr>
<tr><td>6</td><td>20190208002</td><td>东京商城</td><td>纸箱</td><td>丝蕴滋养强韧洗发露</td><td>80</td><td>1.52</td><td>648</td><td colspan="2"></td></tr>
<tr><td colspan="5">合计</td><td>370</td><td>5.942</td><td>2218.6</td><td colspan="2"></td></tr>
</table>

<table>
<tr><td>发站记事</td><td>施封：</td><td>封锁 1 枚；</td><td>封号：F001</td><td>随车设备</td><td></td><td rowspan="2">发站调度</td><td rowspan="2">发货人</td><td rowspan="2">司机</td><td rowspan="2">到站调度</td></tr>
<tr><td rowspan="2">到站记事</td><td>施封：</td><td>施封 1 枚；</td><td>封号：F001</td><td>到达时间</td><td>2019-02-10 09:00:00</td></tr>
<tr><td colspan="2">收货及货损描述</td><td colspan="3">3 件物品外包装损坏</td><td>方洪</td><td>王翼</td><td>何伟</td><td>常明</td></tr>
<tr><td>制单人：</td><td colspan="4">王翼</td><td>制单时间：</td><td colspan="4">2019-02-09</td></tr>
</table>

表 3－4－2

取（派）通知单

单号	QP002			操作站	南京		
资源	车辆	1	辆	车型	载重为 6t、车容为 24 m³的厢车		
	货运员	1	人	预计操作时间	3		小时
总数量	370 件	总重量	2218.6	kg	总体积	5.942	m³

客户信息

运单号	顺序号	地址	电话	姓名	取派类型	是否返单	是否收款
20120208001	1	江苏省南京市大光路17号	13965748374	何清	派	是	否
20120208002	2	江苏省南京市大光路17号	13965748374	何清	派	是	否

货品信息

运单号	货品名称	件数（件）	重量(kg)	体积(m³)	备注
20190208001	丝蕴水润顺滑润发乳	50	350	0.9	
20190208001	丝蕴滋养强韧发膜	50	265	0.742	
20190208001	丝蕴滋养强韧洗发露	30	210	0.54	
20190208002	丝蕴水润顺滑小套装	60	279.6	0.84	
20190208002	丝蕴滋养强韧小套装	100	466	1.4	
20190208002	丝蕴滋养强韧洗发露	80	648	1.52	

填表人：	常明	填表时间：	2019-02-10 9:30

表 3－4－3

残损记录表

编号：	CS2019001			填报人：		李薇		
站点	南京	运单号	20190208002	车号	NJ8733	施封检查	常明	
路由	北京—南京	发现时间	2019-02-10 14:30:00	残损件数		3 件		
操作环节	派送	预估价值	580 元	责任人		何伟		
货物残损状况	包装被挤压破损，造成该批货物不能正常销售							
	报告部门	天顺物流南京站调度站	报告人	常明	接收部门	天顺物流北京站客服部	接收人	李薇
解决措施	赔偿货物损失							
	实施部门	天顺物流北京站客服部	负责人	李薇	日期	2019-02-10 15：00		
处理结果	保险公司索赔							
	报告人	李薇	负责人	李薇	日期	2019-02-10 16：30		
操作站	站负责人	常明	操作员	梁峰	调度	常明	承运司机	梁峰

表 3－4－4

报险通知书

运单号	20190208002	报检站	南京
出险日期	2019-02-10 14:30:00	填报日期	2019-02-10 16:30:00
路由	北京—南京	出险货物名称	丝蕴滋养强韧小套装
报险站陆运保险员		联系方式	
出险货物票/件数/个	3 件	项目名称	
货物所属站陆运保险员	霍启飞	联系方式	18643746575
事故情况描述（应详细）			
包装被挤压破损，造成该批货物不能正常销售			
客户索赔金额	580	实际赔付金额	490
责任人处理结果及采取措施			
保险公司索赔			
结案日期	2019-02-12	备注	

3. 制单标准

（1）“货物运输交接单”。

①到达时间：为货物实际到达目的站时间。

②收货及货损描述：填写货物到达后验货时货物情况。

③到站调度：目的站调度人员。

（2）“取（派）通知单”。

①单号为当前站点操作人制作的单证编号。

②填表人为当前站点操作人。

③操作站为填表人所在站点。

④车型为当前任务所使用的车辆类型；此任务为派送任务，根据业务背景，使用的车辆与取货车辆类型相同。

⑤取派类型为当前所安排的实际任务；此处根据业务发生的实际情况，应填写为“派”。

⑥根据任务背景中的要求需要进行返单。

⑦填表时间按照任务背景中所提示的时间填写。

⑧根据任务要求，在货物送达收货人处，返回所需单证后向托运人收取全部收款，所以送货时不向收货人收取货款。

（3）“残损记录表”。

①站点、路由：站点填写出发站，路由填写发货站到收货站，如广州—上海。

②运单号、车号、发现时间：分别填写发生残损的货物所在的运单号码、运载该批货物的车号、发现残损货物的具体时间，时间格式为××××年××月××日××时。

③预估价值、残损件数：分别填写残损货物的预估价值、残损货物的件数。

④填报人、施封检查人、责任人：请分别填写残损情况的填报人、到站后的施封检查人、造成残损的责任人。

⑤货物残损状况：填写货物的具体残损情况及导致的结果。

⑥报告部门、报告人、接受部门、接收人、实施部门、负责人、日期：分别填写残损情况的报告部门、报告人、接受部门、接受人、残损货物赔偿事宜的实施部门、负责人、具体的赔偿事宜办理日期。

⑦处理结果栏下报告人、负责人、日期：分别填写残损赔偿事宜的报告人、负责办理赔偿事宜的实施人、办理赔偿事宜的日期。

⑧处理结果：填写残损货物赔偿处理的方法，如：报××单位索赔。

⑨操作员、调度、承运司机：分别填写具体集货和公路货物运单填制人、操作站调度人员、该批货物的承运司机。

（4）“报险通知书”。

①出现货损货物的运单号是20120208002，填写时应注意货物所属的运单。

②出险日期、填报日期：为发现货损日期、填制“报险通知书”日期。

③报险站、路由：站点填写发现货损报险的站点，路由填写发货站到收货站，如广州—上海。

④出险货物名称：为发现货损的货物名称。

⑤客服索赔金额、实际赔付金额：客服所预计估计的货品价值，保险公司实际赔偿的金额。

⑥结案日期：保险公司理赔处理程序完毕，并给予反馈的日期。

4. 提示易错栏目

“残损记录表”。

“残损记录表”涉及三个时间的填写：发现时间、解决时间、处理时间，分别填写对应的时间，具体到小时。

任务实施

请以到站调度的身份填制“货物运输交接单”“取（派）通知单”，并制作“残损记录表”和“报险通知单”。

任务五　公路运输作业——返单结算

学习目标

1. 知道返单结算流程并会按照方向进行返单。
2. 会缮制完整的“公路货物运单”。

任务导入

2012 年 02 月 08 日天顺物流有限公司北京分公司货运员何伟携“取（派）通知单”和“公路货物运单”到东京商城找联系人齐飞进行取货，18：00 取得货物后返回。

2012 年 02 月 10 日南京站派送司机梁峰 14：00 将物品派送至南京华城超市大光路门店。收货方收货联系人何清在对货物进行验收时，发现有 3 箱丝蕴滋养强韧小套装的包装被挤压形成破损，造成该批货物不能正常销售。

任务要求

“公路货物运单”贯穿在货物的各个运输环节，每完成一个环节的工作都会有相应的责任人签字。请将信息填写完整的“公路货物运单”返回，以便向托运人收取托运费用。

涉及岗位

货运员、取货人、送货人。

知识准备

1. 认知“公路货物运单”

“公路货物运单”与货物一起到达客户处时，客户会依据收货情况对运单做签收。若发现货物有货损货差有权拒收。随货运员一起的“公路货物运单”如表3－1－6和表3－1－7所示。

> **小贴士**
>
> **“公路货物运单”制单依据**
>
> 依据客服人员制作的“公路货物运单”和货物运输的进程来分别填制，最后返回到托运人手中，作为付费的依据。

2. 返单结算流程

（1）货运员何伟携“取（派）通知单”和“公路货物运单”到东京商城找联系人齐飞进行取货，此时需要在运单上取货人和托运人栏签字并填写取货时间和实际发货数量。见表3－5－1和表3－5－2。

表3－5－1

取货人签字：	何伟								
2019	年	02	月	08	日	18	时	00	分
托运人或代理人签字或盖章：			齐飞						
实际发货件数			130						件
2019	年	02	月	08	日	18	时	00	分

表3－5－2

取货人签字：	何伟								
2019	年	02	月	08	日	18	时	00	分
托运人或代理人签字或盖章：			齐飞						
实际发货件数			240						件
2019	年	02	月	08	日	18	时	00	分

（2）“公路货物运单”与货物一起到达南京站时由目的站调度安排梁峰进行派送。

（3）梁峰携带“公路货物运单”与货物一起送到收货客户处，与收货联系人何清办理交接，此时需要在运单上收货人和送货人栏签字并填写送货时间和数量。并对拒收的货物说明拒说的原因。见表3－5－3和表3－5－4。

表 3 –5 –3

收货人或代理人签字或盖章：			何清						
实际发货件数			130						件
2019	年	02	月	10	日	14	时	00	分
送货人签字：	梁峰								
2019	年	02	月	10	日	14	时	00	分
备注：									

表 3 –5 –4

收货人或代理人签字或盖章：			何清						
实际发货件数			237						件
2019	年	02	月	10	日	14	时	00	分
送货人签字：	梁峰								
2019	年	02	月	10	日	14	时	00	分
备注： 3箱丝蕴滋养强韧小套装的包装被挤压破损									

（4）梁峰将信息完整的运单返回到南京站调度，调度人员将此运单返回到北京站，物流公司凭返回的运单找托收客户收取运费。信息完整的运单见表 3 –5 –5 和表 3 –5 –6。

3. 制单标准

“公路货物运单”

（1）进行市内取件时，由“托运人”填写实际发货数量和签名；“取货人”签名。

（2）在货物送达目的地收货人处时，由“收货人”填写实际收货数量和签名。

（3）目的地客户在收货时，发现有 3 件丝蕴滋养强韧小套装包装损坏，收货方拒收，运单 20120208002 中实际收货数量为 237 件，实际托运的 240 件除去货损的 3 件，并在备注处写明原因。

4. 提示易错栏目

“公路货物运单”涉及两个时间的填写：收货时间、送货时间，分别填写收货作业完成的时间、送货作业到达的时间。

表 3－5－5

公路货物运单

运单号码	20190208001												
托运人姓名	齐飞	电话	15834573746	收货人姓名	何清	电话	13965748374						
单位	东京商城			单位	南京华城超市大光路门店								
托运人详细地址	北京市海淀区苏州街 8 号院银丰大厦 1 号楼			收货人详细地址	江苏省南京市大光路 17 号								
托运人账号		邮编	100080	收货人账号		邮编	223001						
取货地联系人姓名	齐飞	单位		送货地联系人姓名	何清	单位							
电话	15834573746	邮编	100080	电话	13965748374	邮编	223001						
取货地详细地址	北京市海淀区苏州街 8 号院银丰大厦 1 号楼			送货地详细地址	江苏省南京市大光路 17 号								
始发站	北京	目的站	南京	起运日期	2019 年 02 月 08 日 17：00 时	要求到货日期	2019 年 02 月 10 日 17 时						
运距	1141	公里	全行程	1141	公里	是否取送		是否要求回执					
路由	北京-南京					取货	√	送货	√	否		运单	√
						客户单据							
货物名称	包装方式	件数	计费重量（kg）	体积（m^3）		取货人签字：	何伟						
丝蕴水润顺滑润发乳	纸箱	50	350	0.9		2019	年	02	月	08	日	18	时 00 分
丝蕴滋养强韧发膜	纸箱	50	265	0.742		托运人或代理人签字或盖章：	齐飞						
丝蕴滋养强韧洗发露	纸箱	30	210	0.54		实际发货件数	130	件					
						2019	年	02	月	08	日	18	时 00 分
						收货人或代理人签字或盖章：	何清						
合计		130	825	2.182		实际发货件数	130	件					
收费项	运费	取/送货费	杂费	费用小计		2019	年	02	月	10	日	14	时 00 分
金额（元）	753.1	100	50	903.1		送货人签字：	梁峰						
客户投保声明	不投保		投保	√		2019	年	02	月	10	日	14	时 00 分
	投保金额	20000	元	保险费	160	元	备注：						
运杂费合计（大写）	零	万	壹	仟	零	佰	陆	拾	叁	元	壹	角	
结算方式													
现结	√	月结		预付款		元							
到付		付费账号											
制单人	李薇	受理日期	2019	年	02	月	08	日	14：35	时	受理单位	天顺物流有限公司北京分公司	
填写本运单前，请务必阅读背书条款，您的签名意味着您理解并接受背书条款。													
公路货物运单													

表 3－5－6

公路货物运单											
运单号码	20190208002										
托运人姓名	齐飞	电话	15834E73746	收货人姓名	何清	电话	13965748374				
单位	东京商城			单位	南京华城超市大光路门店						
托运人详细地址	北京市海淀区苏州街 8 号院银丰大厦 1 号楼			收货人详细地址	江苏省南京市大光路 17 号						
托运人账号		邮编	100080	收货人账号		邮编	223001				
取货地联系人姓名	齐飞	单位		送货地联系人姓名	何清	单位					
电话	15834573746	邮编	100080	电话	13965748374	邮编	223001				
取货地详细地址	北京市海淀区苏州街 8 号院银丰大厦 1 号楼			送货地详细地址	江苏省南京市大光路 17 号						
始发站	北京	目的站	南京	起运日期	2019 年 02 月 08 日 17：00 时	要求到货日期	2019 年 02 月 10 日 17 时				
运距	1141	公里	全行程	1141	公里	是否取送		是否要求回执			
路由	北京—南京					取货	√	送货	√	否	
						运单	√	客户单据			
货物名称	包装方式	件数	计费重量（kg）	体积（m³）	取货人签字：	何伟					
丝蕴水润顺滑小套装	纸箱	60	279.6	0.84	2019 年	02 月	08 日	18 时	00 分		
丝蕴滋养强韧小套装	纸箱	100	466	1.4	托运人或代理人签字或盖章：	齐飞					
丝蕴滋养强韧洗发露	纸箱	80	648	1.52	实际发货件数	240 件					
					2019 年	02 月	08 日	18 时	00 分		
					收货人或代理人签字或盖章：	何清					
合计		240	1393.6	3.76	实际发货件数	237 件					
收费项	运费	取/送货费	杂费	费用小计	2019 年	02 月	10 日	14 时	00 分		
金额（元）	1272.1	100	50	1422.1	送货人签字：	梁峰					
客户投保声明	不投保		投保	√	2019 年	02 月	10 日	14 时	00 分		
	投保金额	40000	元	保险费	320	元	备注：3 箱丝蕴滋养强韧小套装的包装被挤压破损				
运杂费合计（大写）	零	万	壹	仟	柒	佰	肆	拾	贰	元	壹 角
结算方式											
现结	√	月结		预付款		元					
到付		付费账号									
制单人	李薇	受理日期	2019 年 02 月 08 日 15：10 时	受理单位	天顺物流有限公司北京分公司						
填写本运单前，请务必阅读背书条款，您的签名意味着您理解并接受背书条款。											

任务实施

请依据业务进程分成取货完成段和送货完成段完成“公路货物运单”的制作。

任务六　铁路运输作业——申报计划

学习目标

1. 知道铁路运输作业中申报计划的流程。
2. 会缮制“铁路货物运单”。

任务导入

2012 年 02 月 20 日 8：30，天顺物流有限公司北京分公司的客服代表李薇接到来自中国百庆集团有限公司发来的运输请求。中国百庆集团有限公司的联系人孟辉通过传真向天顺物流有限公司发来一份发运请求，有一批桶装的柴油机油需要从北京发运至上海。

托运方全称：中国百庆集团有限公司；地址：北京市丰台区东兴隆街 56 号；托运方联系人：方奇伟；联系电话：13967345263；邮编：100022。

收货方：上海汉夏润滑油有限公司；地址：上海市长宁区协和路 299 号；收货方联系人：戴奎；联系电话：15873848593；邮编：200050。

货物的图样见图 3－6－1。

品名：长城柴油机油
型号：CD15W/40
包装尺寸：25 × 18.2 × 11 cm
单件重量：3.5kg
单件价格：380.00 元/桶
装箱规格：80×3.5kgs
箱数：200

图 3－6－1

托运要求：此批货物安排铁路整车运输。

最迟到货时间：2019 年 02 月 23 日 18：00。

保价金额：500000 元。

任务要求

请根据上述信息，制作“铁路货物运单”。

涉及岗位

客服、调度、货运员。

知识准备

1. 认知“铁路货物运单”

“铁路货物运单”是托运人与承运人之间，为运输货物而签订的一种运输合同或运输合同的组成部分。它是确定托运人、承运人、收货人之间在铁路运输中的权利、义务和责任的原始依据。“铁路货物运单”即是托运人向承运人托运货物的申请书，也是承运人承运货物和核收运费、填制货票以及编制记录和备查的依据。“铁路货物运单”由货物运单和领货凭证两部分组成，空白的“铁路货物运单”见表 3－6－1。

小贴士

“铁路货物运单”制单依据

货物信息、收发货人、发站和到站等信息依据案例中发货人提供的信息填写。

运价率和运费的计算依据“铁路货物运价规则”。

2. 铁路运输作业中申报计划的流程

①客服李薇在审核此批货物的发运计划后，同意接受该批柴油机油的运输并告知该公司。

②当日下午 5 点，天顺物流有限公司北京站调度黄泉安排取货员张平携带有关单据去托运方处取货，取货完毕后将货物存放在北京站的堆场。

③天顺物流有限公司根据货物的特性，采用铁路整车货物进行运输；并根据客户要求的运到期限，选择了最短的运输路线，北京到上海的铁路里程为 1463 千米；铁路部门运输号码是 12T001，车种车号是 C62031，该货车标重为 60 吨。

④2019 年 02 月 20 日晚 9：00，货物被装入铁路货车并开始发运。02 月 22 日上午 10：00 到达上海火车站。上海站卸货人员吴强将货物放入指定的堆场，并通知收货方上海汉夏润滑油有限公司联系人戴奎来取货。告知戴奎货物在堆场存放时间最多为 5 天，过期将承担相应的保管费用。

3. 各种费用计算

①根据最短路径查算出北京站至上海站的运价里程、电气化区段里程分别为：

A. 北京站至上海阳站的运价里程为 1463 千米。

B. 电气化区段里程为 1450 千米。

表 3－6－1

铁路货物运单

货物指定于　　月　　日　　搬入　　　　　　＊＊铁路局

货　　位：　　　　　　　　　　　　　　　　　**货 物 运 单**

计划号码或运输号码：

运到期限：　　　日　　　　托运人 发站 → 到站 → 收货人

承运人/托运人装车
承运人/托运人施封

托运人填写					承运人填写				
发站		到站（局）			车种车号		货车标重		
到站所属省（市）自治区					施封号码				
托运人	名称				经由	铁路货车棚车号码			
	住址		电话			集装箱号码			
收货人	名称				运价里程				
	住址		电话						
货物名称	件数	包装	货物价格	托运人确定重量（公斤）	承运人确定重量（公斤）	计费重量	运价号	运价率	运费
合计									
托运人记载事项					承运人记载事项				
注：本单不作为收款凭。托运人签约须知见背面。			托运人（签章）		到站交付日期戳		发站承运日期戳		

领货凭证

车种及车号

货票第　　　　号

运到期限　　　　日

发站		
到站		
托运人		
收货人		
货物名称	件数	重量
托运人盖章或签字		
发站承运日期戳		
注：收货人领货须知见背面。		

②由《铁路货物运价规则》附件一“铁路货物运输品名分类与代码表”可知，柴油的代码为0240，整车运价为6号。

③相关费用计算。

④柴油的铁路电气化附加费费率为0.012元/t.km（整车货物）。

⑤柴油的铁路建设基金费率为0.033元/ t.km（整车、其他货物）。

⑥保价费率为4‰（通过查询“保价费率表”得到柴油的保价费率）。

⑦印花税：运费的万分之五。

4. 制单标准

①在“货物指定于×月×日搬入”栏内，填写指定搬入日期。

②“搬入××”栏，完整填写发站的名称。

③“运到期限××日”栏，填写按规定计算的货物运到期限日数。

④“发站”栏和“到站（局）”栏应分别按“铁路货物运价里程表”规定的站名完整填写，不得填写简称；到达（局）名，填写到达站主管铁路局名的第一个字，北京局除外为（京）。

⑤“到站所属省（市）、自治区”栏，填写到站所在地的省（市）、自治区名称，托运人填写的到站、到站（局）和到站所属省（市）、自治区名称，三者必须相符。

⑥“托运人名称”“收货人名称”栏应填写发货单位和收货单位的完整名称。

⑦“托运人地址”“收货人地址”栏应详细填写发货人和收货人所在省、市、自治区城镇街道和门牌号码或乡、村名称。

⑧“托运人电话”“收货人电话”栏应正确填写发货单位和收货单位的电话号码，防止意外事情发生时能够及时联系收发货人。

⑨“货物价格”栏应按照货物的实际价格计算，并需要填写货物价格的单位。

⑩“件数”栏应按货物名称及包装种类，分别记明件数。若是集装箱运输，则以集装箱的个数为准，而不是按货物的件数计算。

⑪“包装”栏按货物的外包装为准，若是集装箱货物应在包装栏填写“集装箱”，并注明是几吨箱。

⑫“托运人确定重量栏”按照货物的实际重量计算，一般情况下“承运人确定重量”与“托运人确定重量”相符，集装箱货物以集装箱的最大载重量算。

⑬领货凭证中的“托运人”和“收货人”栏分别填写发货单位和收货单位的名称。

⑭对于业务背景中没有涉及的内容，则不用填写。

⑮单据中相关费用计算：

A. 整车货物每吨运价＝基价1＋基价2×运价公里（查询“铁路货物运价率表”可知柴油的基价1和基价2）

整车运费＝（基价1＋基价2×运价里程）×计费重量＝（14.60＋0.0704×1463）×60≈7055.71（元）

B. 印花税按运费的万分之五计算。这里所说的运费指每吨运价×计费重量得出的数字，即整车运费＝（基价1＋基价2×运价里程）×计费重量。

印花税＝（14.60＋0.0704×1463）×60×0.0005≈3.5（元）

C. 电气化附加费计算公式为：

电气化附加费 = 费率 × 计费重量（箱数或轴数）× 电化里程 = 0.012 × 60 × 1450 = 1044（元）

D. 铁路建设基金的计算公式为：

建设基金 = 费率 × 计费重量（箱数或轴数）× 运价里程 = 0.033 × 60 × 1463 ≈ 2896.7（元）（铁路建设基金的尾数不足 1 角按四舍五入处理）

查看柴油的铁路建设基金费率为 0.033 元/吨千米。

E. 铁路新路新价均摊运费计算公式为：

新路新价均摊运费 = 均摊运价率 × 计费重量（箱数或轴数）× 运价里程 = 0.011（均摊运价率为每吨千米 0.11 分）× 60 × 1463 ≈ 965.6（元）

由《铁路货物运价规则》附件一“铁路货物运输品名分类与代码表”可知，柴油的代码为 0240，整车运价为 6 号。

F. 保价费计算公式为：

货物保价费 = 保价金额 × 所适用的货物保价费率（货物保价费率见附表）= 500000 × 4‰ = 2000（元）

G. 总费用计算公式为：

总费用 = 7055.71 + 3.5 + 1044 + 2896.7 + 965.6 + 2000 = 13965.51（元）

5. 提示易错栏目

（1）制单环节。“铁路货物运单”由货物运单和领货凭证两部分组成，内容填写要一致。

（2）填写依据。货物信息、收发货人、发站和到站等信息依据案例中发货人提供的信息填写。运价率和运费的计算依据“铁路货物运价规则”。

（3）运到期限。货物运到期限由下列三部分时间组成：

①货物发送时间为 1 日。

②货物运输期间：每 250 运价千米或其未满为 1 日；按快运办理的整车货物每 500 运价千米或其未满为 1 日。

③特殊作业时间，如：

需要中途加冰的货物，每加冰一次，另加 1 日。

运价里程超过 250 千米的零担货物和 1 吨、5 吨型集装箱货物，另加 2 日；超过 1000 千米加 3 日。

一件货物重量超过 2 吨、体积超过 3 立方米或长度超过 9 米的零担货物及零担危险货物另加 2 日。

整车分卸货物，每增加一个分卸站，另加 1 日。

准、米轨间直通运输的整车货物，另加 1 日。

货物运到期限起码天数为 3 日。

本案例中货物的运到期限：1 + 1463/500 ≈ 4（天）。

制作完成的“铁路货物运单”如表 3－6－2 所示。

表 3－6－2

铁路货物运单

承运人/托运人装车
承运人/托运人施封

货物制定于 2019 年 02 月 20 日 搬入北京

货 位：　　　　＊ ＊ 铁路局

计划号码或运输号码：12T001　　**货 物 运 单**

运到期限：4 日　　托运人 发站 → 到站 → 收货人

托运人填写						承运人填写			
发 站	北京	到站（局）	上海			车种车号	C62031	货车标重	60t
到站所属省（市）自治区	上海					施封号码			
托运人	名称	中国百庆集团有限公司				经 由		铁路货车棚车号码	
	住址	北京市丰台区东兴隆街 56 号	电话	13967345263					
收货人	名称	上海汉夏润滑油有限公司				运价里程		集装箱号码	
	住址	上海市长宁区协和路 299 号	电话	15873848593		1463km			

货物名称	件数	包装	货物价格	托运人确定重量（公斤）	承运人确定重量（公斤）	计费重量	运价号	运价率	运费
长城柴油机油	200	箱	6080000元	56000	56000	60t	6	基价1为14.60元/t，基价2为0.0704元/t.km	7055.71
合计	200		6080000元	56000	56000	60			7055.71

托运人记载事项		承运人记载事项	
注：本单不作为收款凭。托运人签约须知见背面。	托运人（签章）中国百庆集团有限公司	到站交付日期戳 2019-02-22	发站承运日期戳 2019-02-20

领货凭证

车种及车号 C62031

货票第　　号

运到期限 4 日

发站	北京	
到站	上海	
托运人	中国百庆集团有限公司	
收货人	上海汉夏润滑油有限公司	
货物名称	件数	重量
长城柴油机油	200	56
托运人盖章或签字中国百庆集团有限公司		
发站承运日期戳 2019-02-20		
注：收货人领货须知见背面。		

任务实施

根据业务背景填制“铁路货物运单”。

任务七　铁路运输作业——进站发运、运送到站

学习目标

1. 知道铁路运输作业中进站发运、运送到站的流程；
2. 会缮制“铁路货票”。

任务导入

2012 年 02 月 20 日 8：30，天顺物流有限公司北京分公司的客服代表李薇接到客户的运输请求。中国百庆集团有限公司的联系人孟辉通过传真向天顺物流有限公司发来一份发运请求，有一批桶装的柴油机油需要从北京发运至上海。

托运方：中国百庆集团有限公司；地址：北京市丰台区东兴隆街 56 号；托运方联系人：方奇伟；联系电话：13967345263；邮编：100022。

收货方：上海汉夏润滑油有限公司；地址：上海市长宁区协和路 299 号；收货方联系人：戴奎；联系电话：15873848593；邮编：200050。

托运货物信息中货物的图样见图 3－6－1。

托运要求：此批货物安排整车运输。

最迟到货时间：2019 年 02 月 23 日 18：00。

保价金额：500000 元。

北京到上海的铁路里程为 1463km；铁路部门运输号码是 12T001，车种车号是 C62031，该货车标重为 60 吨。相关费用计算如下：

A. 整车货物每吨运价 = 基价 1 + 基价 2 × 运价千米（查询“铁路货物运价率表”可知柴油的基价 1 和基价 2）

整车运费 =（基价 1 + 基价 2 × 运价里程）× 计费重量 =（14.60 + 0.0704 × 1463）× 60 ≈ 7055.71（元）

B. 印花税按运费的万分之五计算。这里所说的运费指每吨运价 × 计费重量得出的数字，即整车运费 =（基价 1 + 基价 2 × 运价里程）× 计费重量。

印花税 =（14.60 + 0.0704 × 1463）× 60 × 0.0005 ≈ 3.5（元）

C. 电气化附加费计算公式为：

电气化附加费 = 费率 × 计费重量（箱数或轴数）× 电化里程 = 0.012 × 60 × 1450 = 1044（元）

D. 铁路建设基金的计算公式为：

建设基金 = 费率 × 计费重量（箱数或轴数）× 运价里程 = 0.033 × 60 × 1463 ≈ 2896.7（元）（铁路建设基金的尾数不足 1 角按四舍五入处理）

查看柴油的铁路建设基金费率为 0.033 元/吨千米。

E. 铁路新路新价均摊运费计算公式为：

新路新价均摊运费 = 均摊运价率 × 计费重量（箱数或轴数）× 运价里程 = 0.011（均摊运价率为每吨千米 0.11 分）× 60 × 1463 ≈ 965.6（元）

F. 保价费计算公式为：

货物保价费 = 保价金额 × 所适用的货物保价费率（货物保价费率见附表）= 500000 × 4‰ = 2000（元）

G. 总费用计算公式为：

总费用 = 7055.71 + 3.5 + 1044 + 2896.7 + 965.6 + 2000 = 13965.51（元）

任务要求

请根据以上信息做好铁路运输作业中进站发运、运送到站的相关工作。

涉及岗位

客服、取货员、货运员、卸货员。

知识准备

1. 认知“铁路货票”

货票是铁路运输的凭证，也是一种财务性质的货运票据。它是铁路清算运输费用、确定货物运到期限、统计铁路完成的工作量、确认货运进款和运送里程及计算有关货运工作指标的依据。货票一式四联，甲联留在发站存查；乙联为报告联，由发站送交发局，是各项统计工作的依据；丙联为承运证，发站收清运输费用后交由托运人报销用；丁联为运输凭证，随同运单和货物递至到站，由到站存查。货票甲乙丙丁四联的格式基本相同。货票是有价证券并带有号码，必须妥善保管，不得遗失。

小贴士

“铁路货票”制单依据

货物信息、收发货人、发站和到站等信息依据案例中发货人提供的信息填写；
运价率和运费的计算依据“铁路货物运价规则”；
通过查询“保价费率表”得到柴油的保价费率。

2. 铁路运输作业中进站发运、运送到站的流程

（1）接收验货。托运人在车站将发运货物清点无误后，凭运单向铁路货运员进行实物交接。铁路货运员按规定检查货物与运单是否相符。检查货物包装，检查每件货物是否都有标识。对照运单检查无误后，签章承运。

（2）缮制“铁路货票”。根据业务填制“铁路货票”，填制后的“铁路货票”见表3－7－2。

（3）装车发运。货物装车或卸车的组织工作，在车站公共装卸场所以内由承运人负责。

①清理货场作业。货场内禁止闲杂人员和各种车辆进入货区。

②装车前，认真检查车门、车窗、钩链、槽轮、车底板是否完好，车内清洁状态及有无异味、异状。

③装车时由货运员核对车号和货物后，装卸工人才能作业，并要核对件数。

④装车后认真检查车门、车窗、盖、阀关闭状态和装载加固情况。

⑤为保证货物运输安全和完整，便于交接和责任的划分，在棚车、保温车、罐车和集装箱装完货物后，用施封锁、施封环或铅制封饼等施封专用物品，对车（门）或罐车的注、排油口进行封缄。

（4）运送到站。

①托运人将货物托运后，将“领货凭证”寄交收货人。

②卸车前检查。检查铅饼施封是否失效。施封的货车，到站在接收和拆封时，应进行核对检查。

③收货人凭借“领货凭证”和有效证件到站交接货物。在向收货人点交货物或办理交接手续后，即为交付完毕。

3. 制单标准

（1）“发站”栏和“到站（局）栏”应分别按“铁路货物运价里程表”规定的站名完整填写。

（2）“托运人名称及地址”“收货人名称及地址”栏应分别填写发货人和收货人的单位名称以及单位的详细地址。

（3）“电气化附加费”栏应按该批货物经国铁正式营业线和实行统一运价的运营临管线电气化区段的运价里程合并计算。铁路电气化附加费的计费重量：整车、零担货物按该批运费的计费重量计算；集装箱货物按箱计费。

（4）“印花税”栏应填写印花税数额。一般情况下，印花税按照运费的万分之五收取。

（5）对于业务背景中没有涉及的内容，则不用填写。

制作完成的“铁路货票”见表3－7－1。

表 3－7－1

货　票

计划号码或运输号码：12T001　　　　＊　＊　铁路局　　　　NO：

甲联　发站存置

发站	北京	到站（局）	上海	车种车号	C62031	货车标重	60t	承运人/托运人装车		
经由		货物运到期限	4日	施封号码或铁路棚布号码						
运价里程	1463	集装箱号码		保价金额	500000	现付金额				
							费别	金额	费别	金额
托运人名称及地址	中国百庆集团有限公司；北京市丰台区东兴隆街56号						运行运费	7055.71	保价费	500000
收货人名称及地址	上海汉夏润滑油有限公司；上海市长宁区协和路299号						印花税	3.5	新路新价均摊运费	965.6
货物名称	品名代码	件数	货物重量	计费重量	运价号	运价率	建设基金	2896.7	电气化附加费	1044
长城柴油机油	0240	200	56	60	6	基价1为14.60元/t，基价2为0.0704元/t.km				
集装箱号码										
记事							合计	13965.51		

4. 提示易错栏目

（1）制单环节。

①该批货物要求整车运输，计费重量为60吨，货物重量为56吨，注意与计费重量的区别。

②运价里程填写发站至到站间最短径路的里程，注意与电气化区段里程区分。

（2）填写依据。

①货物信息、收发货人、发站和到站等信息依据案例中发货人提供的信息填写。

②运价率和运费的计算依据“铁路货物运价规则”。

③通过查询“保价费率表”得到柴油的保价费率。

（3）运到期限。

参照“铁路货物运单”。

（4）单据中相关费用计算。

①根据最短路径查算出北京站至上海站的运价里程、电气化区段里程分别为：

A. 北京站至上海站的运价里程为1463千米。

B. 电气化区段里程为1450千米。

②由“铁路货物运价规则”附件一“铁路货物运输品名分类与代码表”可知，柴油的代码为0240，整车运价为6号。

③柴油的运价率：基价 1 为 14.60 元/吨，基价 2 为 0.0704 元/t. km。
④柴油的铁路电气化附加费费率为 0.012 元/t. km（整车货物）。
⑤柴油的铁路建设基金费率为 0.033 元/ t. km（整车、其他货物）。
⑥保价费率为 4‰（通过查询“保价费率表”得到柴油的保价费率）。
⑦印花税：运费的万分之五。

任务实施

根据业务背景填制“铁路货票”。

任务八　航空运输作业

学习目标

1. 知道航空运输作业中安排订舱的流程。
2. 会缮制“航空运单”和“货物索赔单”。

任务导入

2012 年 02 月 25 日，天顺物流有限公司广州站魏斌接到广州艾薇鲜花公司的托运订单（运单号：YD201202081），见表 3－8－1；天顺物流有限公司广州站客服人员王慧在审核客户的传真内容后，将信息录入公司的 TMS 系统，并提交给调度李立。

表 3－8－1

运单号	YD201202081
托运人	广州艾薇鲜花公司(联系人：赵城；联系电话：020-62698607，地址：广州市中山大道西 1 号；邮编：510140)
托运货物	包装方式为箱的鲜花
货物详情	货物名称：鲜花；数量：1 箱；件数：50 件；样品实际重量为 25KG，每箱体积尺寸为 70cm×60cm×50cm，规格：50 件/箱
收货人	北京市风和丽商贸有限公司（联系人：于海平；联系电话：010-7175507078，地址：北京市东城区东单北大街 82 号；邮编：101802）
托运要求	要求 2012 年 2 月 26 日前到达目的地
价格	首重 0.5kg 为 20 元，续重每 0.5kg 为 8 元
附加费	燃油附加费费率是 15%
支付方式	托运人预付
投保	货值为 12000 元，保险费率为货值的 0.06%

调度李立打印取货通知单交予取货员取货。取货完毕后，根据货物的性质和重量向海南航空公司订舱，进行航空运输，并编制国内“航空运单”。运价：首重 0.5 公斤为 20 元，续重每 0.5 公斤为 8 元；轻泡货物以每 $6000cm^3$ 折合 1 千克计重。燃油附加费费率是运费的 15%。

2019 年 02 月 26 日货物到达北京客户处，北京市风和丽商贸有限公司验收员王岩在对货物进行验收时，发现货物外包装箱被挤压破损，打开包装，发现 5 件物品发生残损，导致货物无法正常销售，预估残损货物价值约为 1000 元。

王岩联系了天顺物流有限公司请求赔偿，天顺物流有限公司北京站负责人刘娜将结果报告给广州站客服人员王慧，天顺物流有限公司向广州艾薇鲜花公司出具了货物残损的编号为 201902026 的证明。王慧根据报告结果，于 2019 年 02 月 27 日对广州艾薇鲜花公司采取赔偿货物损失的措施，并填制编号为 CS6301021 的“货物索赔单”，处理结果为报太平洋保险公司广州分公司索赔。

任务要求

请根据上述信息准备订舱，完成国内航空运单作业，并对收货时发现的残损，进行索赔。

涉及岗位

客服、调度、取货员。

知识准备

1. 认知单据

（1）国内“航空运单”。国内“航空运单”是承运人与托运人之间签订的运输契约，也是承运人或其代理人签发的货物收据。货物运输在国内完成。“航空运单”还可作为核收运费的依据和提货的基本单据。“航空运单”一般有正本三份、副本六份、额外副本三份。

（2）“货物索赔单”。“货物索赔单”是收货人对货物出现货损时，对影响出售的货物进行索赔的单据。“货物索赔单”一般有两联，一联作为存根，一联作为向保险公司索赔的依据。

小贴士

国内“航空运单”和“货物索赔单”制单依据

国内“航空运单”中的货物信息、收发货人、发站和到站等信息依据案例中发货人提供的信息填写。

“货物索赔单”依据国内“航空运单”和货物残损证明填写。

2. 航空运输作业中安排订舱的流程

（1）订舱申请。

①天顺物流有限公司广州站客服人员王慧在审核客户的传真内容后，将信息录入公司的TMS 系统，并提交给调度李立。以便其做好取货准备工作。

②李立打印取货通知单交予取货员取货。取货完毕后，根据货物的性质和重量向海南航空公司订舱。

③航空公司接受申请受理托运作业。

④发货人在托运货物时，应按承运人的要求填写国内“航空运单”，以此作为货物托运的书面申请。填制的国内“航空运单”见表 3－8－2。

表 3－8－2

国内航空运单

<table>
<tr><td>出发站</td><td colspan="2">广州</td><td colspan="2">到达站</td><td>北京</td></tr>
<tr><td>收货人名称</td><td colspan="2">北京市风和丽商贸有限公司</td><td colspan="2">电话</td><td>010-71707078</td></tr>
<tr><td>收货人地址</td><td colspan="5">北京市东城区东单北大街 82 号</td></tr>
<tr><td>发货人名称</td><td colspan="5">广州艾薇鲜花公司</td></tr>
<tr><td>发货人地址</td><td colspan="5">广州市中山大道西 1 号</td></tr>
<tr><td>空陆转运</td><td colspan="2">自　广州　　至　　北京</td><td colspan="2">运输方式</td><td>航空运输</td></tr>
<tr><td>货物品名</td><td>件数及包装</td><td colspan="3">重量</td><td>价值</td></tr>
<tr><td rowspan="2">鲜花</td><td rowspan="2">50，箱</td><td colspan="2">计　费</td><td>实　际</td><td rowspan="2">12000</td></tr>
<tr><td colspan="2">35（kg）</td><td>25（kg）</td></tr>
<tr><td colspan="2">航空运费：（每千克￥）</td><td>￥572</td><td colspan="2" rowspan="3">储运注意事项</td><td rowspan="6">收运站：
日期：
经手人：</td></tr>
<tr><td colspan="2">地面运输费：（每千克￥）</td><td>￥</td></tr>
<tr><td colspan="2">空陆转运费：（每千克￥）</td><td>￥</td></tr>
<tr><td colspan="2">中转费：（每千克￥）</td><td>￥</td><td colspan="2" rowspan="3">防压</td></tr>
<tr><td colspan="2">其他费用：</td><td>￥85.8</td></tr>
<tr><td colspan="2">合计</td><td>￥657.8</td></tr>
</table>

（2）货物交接与装舱。

①承运人按规定认真检查托运人交接的货物，核对货物的数量、品名、合同号或标签等是否与货运单据上所列一致，检查货物外包装是否符合运输要求、有无残损等。然后填制交接单据留存。

②货物接到机场后，先安排至周转仓库或者直接装板或装箱。

③交接发运是向航空公司交单交货，由航空公司安排航空运输。

④航空公司接到货物后，进行货物出港的操作。主要包括对货物进行预审、整理、称重和入库、出库等环节。

（3）国内“航空运单”签单。

到达目的站后签单。见表 3－8－3。

表 3-8-3

国内航空运单

出发站	广州		到达站	北京	
收货人名称	北京市风和丽商贸有限公司		电话	010-71707078	
收货人地址	北京市东城区东单北大街 82 号				
发货人名称	广州艾薇鲜花公司				
发货人地址	广州市中山大道西 1 号				
空陆转运	自　广州　至　北京		运输方式	航空运输	
货物品名	件数及包装	重量			价值
		计　费	实　际		
鲜花	50，箱	35（kg）	25（kg）		12000
航空运费：（每千克￥）		￥572	储运注意事项		收运站：北京 日期：2019 年 02 月 26 日 经手人：王岩
地面运输费：（每千克￥）		￥			
空陆转运费：（每千克￥）		￥			
中转费：（每千克￥）		￥	防压		
其他费用：		￥85.8			
合计		￥657.8			

（4）编制“货物索赔单”。货物到达收货人手中发现有 5 件货物出现货损，需要对影响出售的货物进行索赔，填制“货物索赔单”。见表 3-8-4。

表 3-8-4

货物索赔单

GARGO　ALAIM　FORM

编号：CS6301021　（1）

2019 年 02 月 27 日　（2）

货单号码（3）YD201902081

索赔人联系电话（4）020-62698607

索赔人姓名（5）广州艾薇鲜花公司

索赔地址（6）广州市中山大道西 1 号

索赔事由（7）货物外包装箱被挤压破损，导致 5 件物品发生残损，无法正常销售

运输事故签证编号（8）201202026

品　名（9）鲜花　件　数（10）5　重　量

始发站（11）广州　经停站　目的站（12）北京

货物价值（13）1000 元　运　费（14）　赔偿金额（15）1000 元

发生事故的地点和时间（16）

受理人（17）天顺物流有限公司

受益人（18）广州艾薇鲜花公司

3. 制单标准

（1）国内“航空运单”。

①出发站、到达站：填写出发站和到达站的全称，国内航空公司的名称和代号。

②收货人名称、电话、收货人地址：分别填写收货人单位全名、收货单位联系电话、收货单位的详细地址。

③发货人名称、发货人地址：分别填写发货人单位名称、发货人所在具体地址。

④空陆转运、运输方式：若有空陆转运部分，分别填写空陆转运路由。

⑤货物品名、件数及包装：填写货物具体品名以及包装材料。

⑥计费重量、实际重量、价值：填写货物的计费量、货物毛重、货物价值。

⑦储运注意事项：填写货物特性和储运注意事项，如：“易碎”“防潮”等。

备注：题目中没有涉及的栏目，则该栏目为空。

（2）货物索赔单。

①编号：填写对应的货物索赔单的编号。

②×年×月×日：填制做单证的具体年月日。

③货单号码：填索赔货物对应的运单号码。

④索赔人联系电话：填写索赔人单位联系电话。

⑤索赔人姓名：填写索赔人单位名称全程，不得简写。

⑥索赔地址：填写索赔事项发生地址，即为投保地地址。

⑦索赔事由：写明索赔原因。

⑧运输事故签证编号：写明相关的运输事故证明编号。

⑨品名、件数、重量：分别填入需要索赔货物的品名、数量和重量。

⑩始发站、经停站、目的站：分别填入货物的始发站城市名、经停站城市名、目的站城市名。

⑪货物价值：填入需要索赔货物的预估价值。

⑫赔偿金额：根据货物价值填入需索赔的金额，单位为元。

⑬受理人：填写保险事项的负责单位全称。

⑭受益人：填写货物保险的受益人全称。

4. 提示易错栏目

（1）制单环节。

在发站制作“航空运单”时，收运站、收运日期和经手人这三项不填写。

在到达目的站后签单时，收运站、收运日期和经手人这三项须填写。

鲜花容易压缩变形，故储运注意事项为“防压”。

“货物索赔单”中填写的数量为实际损坏的货物数量。

（2）费用计算。

①确定计费重量。将货物的体积按一定比例折合为重量，此重量称为体积重量。轻泡货物以每 $6000cm^3$ 折合 1kg 计重：

计费重量（kg）= 长（cm）× 高（cm）× 宽（cm）/6000（cm^3）= 70 × 60 × 50/6000 = 35（kg）

②运费：

运价：首重0.5kg为20元，续重每0.5kg为8元。

运费=首重费用+续重费用×（计费重量－首重0.5kg）/0.5kg=20+8×(35－0.5)/0.5=572（元）

③燃油附加：

燃油附加费费率是15%。

燃油附加费=运费×费率=572×15%=85.8（元）

④总费用=运费+燃油附加费=572+85.8=657.8（元）

任务实施

1. 国内"航空运单"。请根据客户托运的信息和填制标准，填制国内"航空运单"。
2. 国内"航空运单"签单。到达目的站后请在国内"航空运单"签单。
3. 货物索赔单。请填制编号为CS6301021的"货物索赔单"。

任务九　水路运输作业

学习目标

1. 知道水路运输作业的流程。
2. 会缮制"水路货物运单"。

任务导入

2012年03月05日，天顺物流有限公司上海站客服人员何华接到上海华威科技有限公司张枫发来的托运请求。要求通过水路将一批冰箱从上海港运送至天津港。

托运方全称：上海华威科技有限公司；地址：上海市长宁区遵义南路6号虹桥友谊商城1楼；联系方式：021－67186555；联系人：张枫；邮编：201400。

收货方全称：天津立通科技有限公司；地址：天津市长沙路2－58号；联系方式：022－24502516；联系人：李杰；邮编：300051。

托运物品名称：BEKO冰箱；型号：GNE60520X；尺寸：长×宽×高0.91×0.82×1.92；体积：1.43m^3；重量：132kg；数量：300件；包装方式：木箱；物品总价值：1500000元。货物的图样见图3－9－1。

图 3-9-1

最晚到货日期：2012 年 03 月 10 日 18：00。付款方式：月结；取派任务：只取不派。

任务要求

请根据上述全部托运信息，做出水路货物运输作业的相关处理。

涉及岗位

客服、调度、取货司机。

知识准备

1. 认知“水路货物运单”

“水路货物运单”是水路货物运输及运输代理的合同凭证，是运输经营者接收货物并在运输期间负责保管和据以交付的凭据，此货物运单主要适用于江、海干线和跨省运输的水路货物运输，由水路运输的承运人提供，托运人与承运人共同商定，具有合同效力。“水路货物运单”一式六份。顺序如下：

第一份：货票（起运港存查联）。

第二份：货票（解缴联）起运港→航运企业。

第三份：货票（货运人收据联）起运港→托运人。

第四份：货票（船舶存查联）起运港→船舶。

第五份：货票（收货人存查联）起运港→船舶→到达港→收货人。

第六份：货物运单（提货凭证）起运港→船舶→到达港→收货人→到达港存。

小贴士

“水路货物运单”制单依据

货物信息、收发货人、发站和到站等信息依据案例中托运人提供的信息填写。

2. 水路运输作业流程

（1）订舱申请。

①天顺物流有限公司上海站客服人员何华确认业务信息后将其传递给调度人员王飞，以便其做好取货准备工作。

②物流公司调度人员王飞根据托运要求安排车辆、司机去托运方处取货。并与船公司进行联系，安排货物放存至码头堆场，准备装船。

已知运价160元/吨；装船费为50元/TEU；需要装30个40尺柜；装船时间为2天；运单号：YD20190305；交接清单编号：JJ2019－01。

货物到达目的港时间为2019年03月10日10：00。

③货运代理商向轮船公司提出订舱申请后，轮船公司接受申请，则编制“订舱清单”，受理托运作业。

④发货人在托运货物时，应按承运人的要求填写“货物托运单”，以此作为货物托运的书面申请。填制的“水路货物运单”见表3－9－1。

（2）装船发运。承运人一般采用集中装船的办法。对于一些需要特殊安排的货物（如危险品、贵重物品等），可安排托运人按规定的时间直接自行送至船边装货。

（3）到达交接。一般也采用“集中卸货，仓库交付”的办法，在交接货物时，收货人凭注明已接收了轮船公司交付的货物并签章的“提单”，交给轮船公司找卸货港口的代理人，经代理人审核无误后，签发“提货单”交给收货人，然后收货人再凭“提货单”前往码头仓库提取货物，并与卸货代理商办理交接手续。

3. 制单标准。

“水路货物运单”

①托运人、收货人全称、地址、电话、银行账号为托运单位、收货单位全称；托运单位、收货单位地址；托运单位、收货单位联系电话；托运单位、收货单位银行账号。

②托运人确定的重量、体积为货物的总重量、货物的总体积，需要计算后获得。业务背景中给出的是单件物品的重量和体积，总体积 $= (0.91m \times 0.82m \times 1.92m) \times 300 = 429\ (m^3)$。

③运到期限：根据业务背景填写最迟运到期限。

④托运人、承运人签章、日期：托运人、承运人公司盖章和签署托运、承运日期。

⑤核算员、复核员：托运联系人、承运人签名。

表 3-9-1

水路货物运单														
交接清单编号				JJ2019-01					运单编号		YD20190305			
船名航次				起运港	上海		到达港		天津		到达日期 （承运人章）		收货人 （章）	
托运人	全称			上海华威科技有限公司	收货人		全称		天津立通科技有限公司					
	地址、电话			上海市长宁区遵义南路6号虹桥友谊商城1楼 021-67186555			地址、电话		天津市长沙路2-58号 022-24502516					
	银行、账号						银行、账号							
发货符号	货品名称	件数	包装	价值（元）	托运人确定		计费重量			费率	金额	应收费用		
					重量（吨）	体积（长/m、宽/m、高/m）	重量（吨）	体积（m³）	等级			项目	费率	金额
												运费	160元/t	6336
	BEKO 冰箱 GNE60520X	300	木箱	1500000	39.6	273×246×576	39.6	429		160元/t	6336	装船费	100元/TEU	3000
合计		300		1500000	39.6	273×246×576	39.6	429			6336			
运到期限（或约定）	2019-03-10 18：00								托运人（签章） 日期 2019-03-05			总计	9336	
												核算员		
物约事项									承运人（签章） 日期 2019-03-05			复核员		

4. 提示易错栏目

（1）制单环节。

上述信息中没有给出船名和航次，“水路货物运单”中船名航次栏不填。

上述信息中给出了货品名称、品牌和型号，故货品名称栏须详细填写货品名称、品牌和型号。

“水路货物运单”中费率一栏填写货物的运价，价值一栏填写货物的总价值。

（2）费用计算。

运费为：160 元/吨 ×39.6 吨 =6336 元，故运费对应的金额一栏填写 6336。

装船费为 100 元/TEU，需要装 30 个 40 尺柜，故装船费对应的金额一栏填写 3000。

总费用：6336 元 +3000 元 =9336 元，故费用总计一栏填写 9336。

任务实施

请以调度员王飞的身份根据《水路货物运单》的信息和填制标准，编制《水路货物运单》。

项目四　货代单据

项目导读

本项目是学习国际货代所涉及的提单、场站收据、装货单、托运单、集装箱装箱单、设备交接单、报关委托书、报关单、报检委托书、报检单等单据的流转、缮制及应用。

任务一　出口运输作业——受理业务

学习目标

1. 知道出口环节中受理业务流程。

2. 会缮制“订舱委托书”“集装箱发放/设备交接单”“集装箱装箱单”和“场站收据”。

任务导入

上海凯盛货运代理公司（以下简称“凯盛货代”）是一家中等级别且服务质量较高的货代公司。上海天悦服装有限公司（以下简称“天悦服饰”）是一家专门从事进出口服装和饰品贸易的公司，其生产加工的服饰远销欧美国家。

2019 年 01 月 01 日，上海天悦服装有限公司与法国巴黎 BLUE 服饰有限公司签订一份贸易合同。双方合同约定，2019 年 03 月 01 日将约 3600 件女士针织衫（Lady Sweater）装船，并保证 2019 年 03 月 15 日之前交单。合同编号为：MM2019 - PR096；成交货量为装满一个集装箱共 3600 件针织衫，每 9 件装一个包装箱，共有 400 箱。毛重 3500.00KGS，净重 3312.00KGS；起运港为上海（SHANGHAI），目的港为法国马赛港（MARSEILLES）；交易单价为 USD160.00/件，总金额为 USD576000.00；总尺码：27.945 M^3；不允许转船和分批运输，成交方式为：CIF（到岸价格）；结算方式为：信用证。

订舱要求：1. 运费：根据我们事前谈好的。

2. 配03月01日开船法国巴黎一个20尺普通集装箱。

3. 提前5天在堆场提箱。

上海天悦服装有限公司委托上海凯盛货运代理公司完成这批针织衫的出口代理操作。

附加信息：

上海天悦服装有限公司（SHANGHAI TIANYUE GARMENTS CO.，LTD）

地址：上海市静安区乌鲁木齐北路45号（45 WULUMUQI ROAD，JINGAN DISTRICT，SHANGHAI CHINA）

电话：021－82120101 FEX：021－82120108

法国巴黎BLUE服饰有限公司（PARIS FRANCE BLUE DRESS CO.，LTD）

地址：法国巴黎香榭丽舍大街686号（686，CHAMPS－ELYSEES STREET PARIS，FRANCE）

上海凯盛货运代理公司（SHANGHAI KAIBLUENG FREIGHT REPRESENTATIVE COMPANY）

地址：上海市普陀区武威路168号（168 WEIWU ROAD，PUTUO DISTRICT，SHANGHAI CHINA）

电话：021－52176201 FEX：021－52176208

任务要求

上海凯盛货运代理公司怎样完成这批针织衫的出口代理操作。

涉及岗位

货主、货代公司操作员、船公司箱管科、船长或大副。

知识准备

1. 认知单据

（1）“订舱委托书”。“订舱委托书”简称“托书”，即“托运单”，是进/出口商为了买卖商品，通过船公司和货代公司进行船运订舱的申请书。“托运单”一式二联。分别为货主留联和货代联，以此作为托运人向货代公司订舱的凭据。

（2）“集装箱发放/设备交接单”。“集装箱发放/设备交接单”是集装箱所有人或租用人委托集装箱装卸区、中转站或内陆站与货方即用箱人或其代表之间交接集装箱及承运设备的凭证。一份交接单总共六联，分IN和OUT（进场联和出场联）各三联。船代留底（第一联）、堆场联（第二联）、用箱人（第三联）。

（3）“集装箱装箱单”。“集装箱装箱单”（Container Load Plan，CLP）是详细记载每一个集装箱内所装货物名称、数量、尺码、重量、标志和箱内货物积载情况的单证，对于特殊货物还应加注特定要求，比如对冷藏货物要注明对箱内温度的要求等。它是集装箱运输的辅助货物舱单。“集装箱装箱单”一式五联，分别交给集装箱码头、承运人、船务代理、托运人和装箱人。

（4）“场站收据”。“场站收据”（Dock Receipt，D/R）又称“港站收据”或“码头收据”，是国际集装箱运输专用出口货运单证，它是由承运人委托 CY（集装箱码头堆场）、CFS（集装箱货运站）或内陆 CFS 在收到 FCL（整箱货）或 LCL（拼箱货）后，签发给托运人的证明已收到托运货物并对货物开始负有责任的凭证。“场站收据”一般是在托运人口头或书面订舱，与船公司或船代达成货物运输的协议，船代确认订舱后由船代交托运人或货代填制，在承运人委托的码头堆场、CFS 或内陆 CFS 收到 FCL 或 LCL 后签发生效，托运人或其代理人可凭“场站收据”向船代换取已装船或待装船提单。“场站收据”标准格式一套共十联：

第一联：集装箱货物托运单（白色）——货主留底备查。
第二联：集装箱货物托运单（白色）——船代留底备查。
第三联：集装箱货物托运单（白色）——货代留底备查。
第四联：场站收据副本（淡蓝色）——装货单。
第五联：场站收据副本（粉红色）——大副联。
第六联：场站收据（淡黄色）。
第七联：海关副本（白色）。
第八联：港口费收结算联（浅蓝色）。
第九联：留底（白色）。
第十联：留底（白色）。

小贴士

“订舱委托书”“设备交接单”“集装箱装箱单”和“场站收据”制单依据

①“订舱委托书”。“订舱委托书”即“托运单”，依据进出口双方签订的销售确认书或者销售合同、发票、箱单等基础单据填写。

②“设备交接单”。“设备交接单”一般由箱管中心在订舱确认后，给用箱人分配集装箱时填制。

当提箱人提空箱时，由箱管中心填写。

当车队完成装箱时，由车队补充填写。

当车队送重箱进场时，由港口检查桥（收箱人）补充填写。

“设备交接单”依据提箱人提交的“提箱单”“放箱指令”及“集装箱押金收条”填写。

③“集装箱装箱单”。“集装箱装箱单”区别于“装箱单”，是记录集装箱货物过程的单据。

当提箱人提空箱时，由箱管中心填写表头部分。

当车队完成装箱时，由车队补充填写有关集装箱装箱时货品部分。

当车队送重箱进场时，由港口检查桥（收箱人）补充填写实际的重箱重。

“集装箱装箱单”依据“提箱单”“装箱明细”及“集装箱押金收条”填写。

④“场站收据”

“场站收据”是单据八张单的第四联，该单据的填写与“托运单”一致，只是增加了个别栏目，该单据在订舱确认时，由船代公司或者船公司填写。“场站收据”依据“订舱委托书”“托运单”“销售确认书”“发票”“箱单”填写。

2. 受理业务流程

整箱货出口货运代理业务流程图见图4－1－1。结合“任务导入”来分步骤学习。

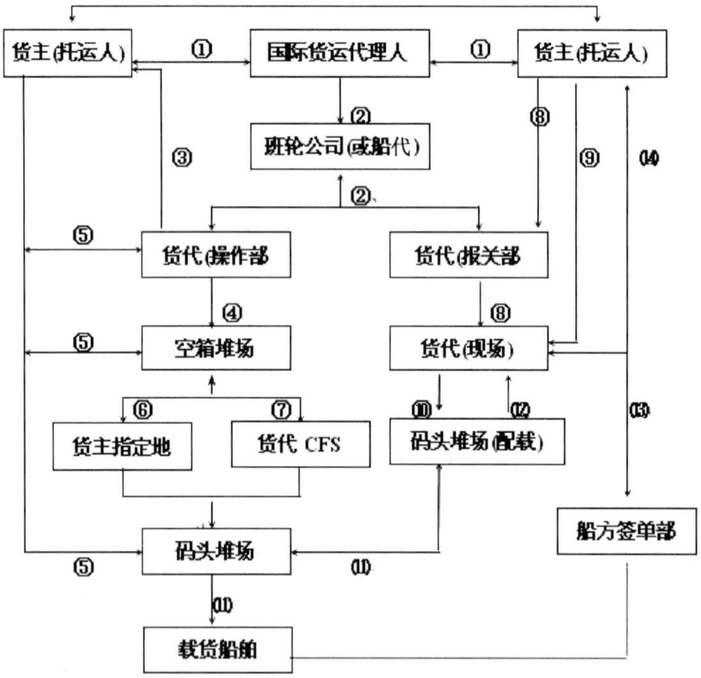

图4－1－1 整箱货出口货运代理业务流程图

（1）订舱委托。2019年02月15日，上海天悦服装有限公司在查看了船期、班期后，填写“订舱委托书”给上海凯盛货运代理公司，委托其租船订舱，完成这批针织衫的出口代理操作。

上海天悦服装有限公司开具的“发票”见表4－1－1，货物的“装箱单”见表4－1－2，上海天悦服装有限公司据此填制的“订舱委托书”见表4－1－3。

（2）审核“托运单”。上海凯盛货运代理公司收到上海天悦服装有限公司的“托运单”之后，仔细查看并审核租船订舱信息，其中重点审核以下内容：

①收发货人名称、地址、电话、传真：

发货人：上海天悦服装有限公司

收货人：法国巴黎BLUE服饰有限公司

②装卸港口：

表 4－1－1

发票（INVOICE）

上海天悦服装有限公司

SHANGHAI TIANYUE GARMENTS CO.,LTD

INVOICE

TO: PARIS FRANCE BLUE DRESS CO.,LTD

686, CHAMPS-ELYSEES STREET PARIS, FRANCE

INV.NO.: MM-MAR120220

INV.DATE: FEB.12.2019

S/C NO.: MM2019-PR096

FROM: SHANHAI TO: MARSEILLES SHIPPED BY:

MARKS&NOS.	DESCRIPTION OF GOODS	QUANTITY	UNIT PRICE	AMOUNT
N/M	LADY SWEATER	3600SET	US$160.00	US$576000.00

80% HIGH QUALITY AUSTRALIAN WOOL

20% NATURAL SILK

100% NATURAL.

TATOL AMOUNT IN WORDS: SAY U.S. DOLLARS FIVE HUNDRED AND SEVENTY SIX THROUSAND ONLY

TOTAL G.W./TOTAL N.W.: 3500.00KGS/3312.00KGS

TOTAL PACKAGES: 400CTNS

上海天悦服装有限公司

SHANGHAI TIANYUE GARMENTS CO.,LTD

表 4－1－2

装箱单（PACKING LIST）:

上海天悦服装有限公司

SHANGHAI TIANYUE GARMENTS CO.,LTD

PACKING LIST

TO: PARIS FRANCE BLUE DRESS CO.,LTD

686, CHAMPS-ELYSEES STREET PARIS, FRANCE

INV.NO.: MM-MAR120220

INV.DATE: FEB.12.2019

FROM: SHANHAI TO: MARSEILLES SHIPPED BY:

MARKS&NOS.	DESCRIPTION OF GOODS	PKG	QTY	G.W.	N.W.	MEAS.
N/M	LADY SWEATER	400	3600SETS	3500.00KGS	3312.00KGS	27.945 M^3

80% HIGH QUALITY AUSTRALIAN WOOL

20% NATURAL SILK

100% NATURAL.

TATOL PACKAGES IN WORDS: SAY FOUR HUNDRED CARTONS ONLY

TOTAL G.W./TOTAL N.W.: 3500.00KGS/3312.00KGS

上海天悦服装有限公司

SHANGHAI TIANYUE GARMENTS CO.,LTD

装运港：上海港

卸货港：马赛港

③品名、件、重、尺：

商品名称：女士针织衫

商品数量：3600 件，9 件装在一个包装箱内，共有 400 箱

商品总重：3500.00KGS

商品总体积：27.945 M^3

④订舱要求：

装船日期：2012 年 03 月 01 日

集装箱规格及数量：一个 20 尺普通集装箱

运费：按之前已经约定好的

不得转船运输和分批运输

装箱地点：提前 5 天堆场提箱，工厂装箱

办理电放：否

附件：无

表 4－1－3

<table>
<tr><td colspan="6">订舱委托书</td></tr>
<tr><td colspan="6">D/R 编号（舱位号）</td></tr>
<tr><td colspan="3">SHIPPER SHANGHAI TIANYUE GARMENTS CO.,LTD</td><td colspan="3" rowspan="6">订舱要求：
（一）运费：根据我们事前谈好的。
（二）配 03 月 01 日开船法国巴黎一个 20 尺普通集装箱。
（三）提前五天在堆场提箱。</td></tr>
<tr><td colspan="3">CONSIGNEE PARIS FRANCE BLUE DRESS CO.,LTD</td></tr>
<tr><td colspan="3">NOTIFY PARTY PARIS FRANCE BLUE DRESS CO.,LTD</td></tr>
<tr><td colspan="2">PRE-CARRIAGE</td><td>PLACE OF RECEIPT</td></tr>
<tr><td colspan="2">OCEAN VESSEL VOY NO.</td><td>PORT OF LOADING
SHANGHAI</td></tr>
<tr><td colspan="2" rowspan="2">PORT OF DISCHARGE
MARSEILLES</td><td rowspan="2">PLACE OF DELIVERY</td></tr>
<tr><td colspan="3">FINAL DESTINATION FOR THE MERCHANT'S REFEREBCE</td></tr>
<tr><td>CONTAINER NO.</td><td>SEAL NO.
MARDS &NOS.</td><td>NO.OF CONTAINERS OR PKGS</td><td>KIND OF PACKAGE DESCRIPTION OF GOODS</td><td>Gross Weight</td><td>Measurement</td></tr>
<tr><td></td><td>N/M</td><td>400</td><td>CARTON</td><td>3500.00KGS</td><td>27.945 M^3</td></tr>
<tr><td colspan="6">TOTAL NUMBER OF CONTAINERS OR PACKAGES: SAY FOUR HUNDRED ONLY</td></tr>
<tr><td colspan="2">Service type on receiving
( ) CY( )CFS ( )DOOR</td><td>Service type on Delivery
( ) CY( )CFS ( )DOOR</td><td colspan="2">Reefer temperature required（冷藏温度）</td><td>°F　°C</td></tr>
<tr><td rowspan="2">TYPE OF GOODS</td><td colspan="2">( ) ORDINARY( )REEFER( )DANGEROUS( )AUTO</td><td rowspan="2">危险品</td><td colspan="2">CLASS:
PROPERTY:</td></tr>
<tr><td colspan="2">( ) LIQUID( )LIVE ANIMAL( )BULE</td><td colspan="2">IMDG CODE PAGE:
UN NO.</td></tr>
<tr><td rowspan="3">Freight&charges</td><td colspan="5">Prepaid at</td></tr>
<tr><td colspan="5">Total prepaid</td></tr>
<tr><td colspan="5">NO.of Original B/L:</td></tr>
<tr><td colspan="3">可否转船：NO</td><td colspan="3">可否分批：NO</td></tr>
<tr><td colspan="3">装期：20190301</td><td colspan="3">效期：</td></tr>
<tr><td colspan="6">金额：</td></tr>
<tr><td colspan="6">制单日期：20190215</td></tr>
</table>

上海凯盛货运代理公司核对以上信息之后，接受此票运输的托运委托，并将主要信息与上海天悦服装有限公司业务人员沟通确认，确认租船订舱信息。并要求其在场站收据联单第一联上加盖“上海天悦服装有限公司”签章。并印有“托运人证实所填内容全部属实并愿意遵守承运人的一切运输章程”的文字说明。

（3）网上订舱。

①网上查询。登陆船公司网站，在首页的运价查询框或运价页面输入您要查询的起运港和目的港，点搜索，系统将显示出要查询的船期、班轮、运价信息。

若查询出来的运价为空或不符合要求，可直接打电话与船公司客服人员联系，查询满意的运价信息。

②筛选运价。在运价查询显示的结果里面筛选满意的运价。

③开始订舱。选择满意的班轮 COCO ONLY 价格之后，点击“订舱”按钮，即可开始订舱。

上海凯盛货运代理公司与上海天悦服装有限公司确认订舱信息之后，依据其填写的“托运单”内容，在系统中开始填写“海运托运单”。见表 4－1－4。

表 4－1－4

海运托运单

<table>
<tr><td colspan="6">订舱委托书</td></tr>
<tr><td colspan="6">D/R 编号（舱位号）</td></tr>
<tr><td colspan="3">SHIPPER SHANGHAI TIANYUE GARMENTS CO.,LTD</td><td colspan="3" rowspan="6">订舱要求：
（一）运费：根据我们事前谈好的。
（二）配 03 月 01 日开船法国巴黎一个 20 尺普通集装箱。
（三）提前五天在堆场提箱。</td></tr>
<tr><td colspan="3">CONSIGNEE PARIS FRANCE BLUE DRESS CO.,LTD</td></tr>
<tr><td colspan="3">NOTIFY PARTY PARIS FRANCE BLUE DRESS CO.,LTD</td></tr>
<tr><td colspan="2">PRE-CARRIAGE</td><td>PLACE OF RECEIPT</td></tr>
<tr><td colspan="2">OCEAN VESSEL VOY NO.
COCO ONLY</td><td>PORT OF LOADING
SHANGHAI</td></tr>
<tr><td colspan="2" rowspan="2">PORT OF DISCHARGE
MARSEILLES</td><td rowspan="2">PLACE OF DELIVERY</td></tr>
<tr><td colspan="3">FINAL DESTINATION FOR THE MERCHANT' S REFEREBCE</td></tr>
<tr><td>CONTAINER NO.</td><td>SEAL NO. MARDS &NOS.</td><td>NO. OF CONTAINERS OR PKGS</td><td>KIND OF PACKAGE DESCRIPTION OF GOODS</td><td>Gross Weight</td><td>Measurement</td></tr>
<tr><td></td><td>N/M</td><td>400</td><td>CARTON</td><td>3500.00KGS</td><td>27.945 M</td></tr>
<tr><td colspan="6">TOTAL NUMBER OF CONTAINERS OR PACKAGES: SAY FOUR HUNDRED CARTONS ONLY</td></tr>
<tr><td colspan="2">Service type on receiving
( ) CY( )CFS ( )DOOR</td><td>Service type on Delivery
( ) CY( )CFS ( )DOOR</td><td>Reefer temperature required (冷藏温度)</td><td>°F</td><td>°C</td></tr>
<tr><td rowspan="2">TYPE OF GOODS</td><td colspan="2">( ) ORDINARY( )REEFER( )DANGEROUS( )AUTO</td><td rowspan="2">危险品</td><td colspan="2">CLASS:
PROPERTY:</td></tr>
<tr><td colspan="2">( ) LIQUID( )LIVE ANIMAL( )BULE</td><td colspan="2">IMDG CODE PAGE:
UN NO.</td></tr>
<tr><td rowspan="3">Freight&charges</td><td colspan="5">Prepaid at</td></tr>
<tr><td colspan="5">Total prepaid</td></tr>
<tr><td colspan="5">NO. of Original B/L:</td></tr>
<tr><td colspan="3">可否转船：NO</td><td colspan="3">可否分批：NO</td></tr>
<tr><td colspan="3">装期：20190301</td><td colspan="3">效期：</td></tr>
<tr><td colspan="6">金额：</td></tr>
<tr><td colspan="6">制单日期：20190215</td></tr>
</table>

（4）订舱确认。点击订舱按钮后，就实现了网上订舱，船公司客服人员将及时处理订舱事宜。

订舱确认之后，根据“托运单”内容，在装船前五天到堆场提空箱［集装箱号 COCO4597787 * 1 （1）］。船代公司或者是船公司签发“配舱回单”给凯盛货代，在“配舱回单”上标注船名、航次（COCO ONLY V. 909E）和 D/R（提单号 COCO - CK62912356）、铅封号（C4202016）。

（5）堆场提空。凯盛货代收到“配舱回单”后，回单上有船名、航次、提单号和装船时间，要到上海天悦服装有限公司装箱，就需要凯盛货代的车队（沪 A63545）先到堆场提空箱。

凯盛货代持“配舱回单”到船公司外管局缴纳押箱费（免费用箱期内无押金）给箱管科，换来“设备交接单”，并“凭设备交接单”到堆场提箱。制作“设备交接单”，见表 4 - 1 - 5。

表 4 - 1 - 5

集装箱发放/设备交接单 **EQUIPMENT INTERCHANGE RECEIPT**	**OUT 出场** NO:
用箱人/运箱人（CONTAINER USER/HAULIER） 上海凯盛货运代理公司	提箱地点（PLACE OF DELIVERY）
来自地点（WHERE FROM） 上海市普陀区	返回/收箱地点（PLACE OF RETURN）

航名/航次 (VESSEL/VOYAGE NO) CDCD DNLY V. 909B	集装箱号（CONTAINER NO.） CDCD4597787*1(1)	尺寸/类型 (SIZE/TYPE) 20/GP	营运人（CNTR. OPTR.）
提单号（B/L NO.） CDCD-CK62912356	铅封号（SEAL NO.） C4202016	免费期限（FREE TIME PERIOD） 2012-03-01	运载工具牌号 （TRUCK, WAGON, BARGE NO.）沪 A63545

出场目的/状态 （PPS OFGATE-OUT/STATUS）	进场目的/状态（PPS OF GATE-IN/STATUS）	进场日期（TIME-IN）

进场检查记录（INSPECTION AT THE TIME OF INTERCHANGE）			
普通集装箱 （GP CONTAINER）	冷藏集装箱 （RF CONTAINER）	特种集装箱 （SPECIAL CONTAINER）	发动机（GENSET）
正常（SOUND） 异常（DEFECTIVE）	正常（SOUND） 异常（DEFECTIVE）	正常（SOUND） 异常（DEFECTIVE）	正常（SOUND） 异常（DEFECTIVE）

损坏记录及代号（DAMAGE&CODE） BR 破损（BROKEN） D 凹损（DENT） M 丢失（MISSING） DR 污箱（DIRTY） DL 危标（DG LABEL） 无	
左侧（LEFT SIDE）右侧（RIGHT SIDE）前部（FRONT）集装箱内部（CONTAINER INSIDE）顶部（TOP）底部（FLOOR BASE）箱门（REAR）	如有异状，请注明程度及尺寸（REMARK） **司机务必确认箱体完好清洁并签单**
除列明者外，集装箱及集装箱设备交接时完好无损，铅封完整无误。 CONTAINER/ASSOCIATED EQUIPMENT INTERCHANGED IN SOUND CONDITION AND SEAL INTACT UNLESS OTHER	
用箱人/运箱人签署 （CONTAINER USER/HAULIER' S SIGNATURE） 凯盛货代	码头/堆场值班员签署 *** （TERMINAL/DEPOT CLERK' S SIGNATURE）

（6）装箱。上海凯盛货运代理有限公司在完成提空箱之后，就直接将集装箱运到天悦服装有限公司，准备开始装箱。共3600件（400箱）女士针织衫装到这个20尺集装箱内。工厂装箱完成后，根据实际装箱情况做“装箱明细表”，见表4－1－6。

表4－1－6

集装箱配装箱明细表

操作单号：20190219　　中转港：无　　箱公司：

船次：COCO ONLY V. 909E　　集装箱规格：20'GP　　订舱人：凯盛

提单号	箱号	封号	箱型	集装箱内装				目的港
				品名	件数	重量	体积	
COCO-CK62912356			1*20'GP	女士针织衫	3600	3500.00KGS	27.945 M^3	MARSEILLES
唛头：N/M				备注：				

根据“装箱明细表”填制“集装箱装箱单”，填制的“集装箱装箱单”见表4－1－7。

表4－1－7

<table>
<tr><td colspan="7">装　箱　单</td><td>集装箱号
Container No.</td><td>COCO4597787*1 (1)</td></tr>
<tr><td colspan="7">CONTAINER LOAD PLAN</td><td>铅封号
Seal No.</td><td>C4202016</td></tr>
<tr><td>船名
Vessel</td><td>COCO ONLY</td><td>船次
Voy</td><td colspan="2">909E</td><td>目的港
Destination</td><td>MARSEILLES</td><td rowspan="2">集装箱规格
Container Type</td><td rowspan="2">20' GP</td></tr>
<tr><td colspan="7"></td></tr>
<tr><td>提单号
B/L No.</td><td colspan="2">标记
Shipping mark</td><td>件数及包装
Packing& Numbers</td><td>品名
Description</td><td>毛重
G.W(kgs)</td><td>整箱重
Container G.W(kgs)</td><td>体积
Measurement</td><td>收货人及通知人
Consignees & Notify Party</td></tr>
<tr><td>COCO-CK62912356</td><td colspan="2">N/M</td><td>3600SET
400CTS</td><td>Lady Sweater</td><td>3500.00KGS</td><td></td><td>27.945 M^3</td><td></td></tr>
<tr><td>装箱地点
Loading Spot</td><td colspan="2">SHANGHAI</td><td>装箱日期
Loading Date</td><td colspan="2">2019-02-19</td><td>发货人
Shipper</td><td colspan="2"></td></tr>
</table>

这批女士针织衫完成装箱之后，有准确的件重尺和箱封号。车队获得箱封号之后，要及时地传真给凯盛货代总部，其操作员开始让报关行进行预报关，同时与船代公司确定提单样本。

（7）集港报关。船代在接收了货代公司的订舱委托之后，已经有了将要集港的货物信息，船代会根据相关信息做出“集港舱单”给港口检查桥，用于集港时核对信息。此操作为集港操作的第一步：单据集港。

单据集港完成之后，就开始货物集港操作。车队完成货物的装箱之后，凭集港单（“设备交接单”和“集装箱装箱单”）将货物送到港口检查桥，准备将货物集港装船。到闸口（检查桥）凭“集港舱单”核对信息、检查箱体。合格之后即可放行，完成集港。

此时，货进两区，即可开始对货物进行报关。海关已经收到船代公司发送的“预配舱单”。海关凭“预配舱单”和报关员递送的报关材料核对无误、查验合格之后，即在“场站收据”（表4－1－8）上加盖“海关放行章”，并将剩余的单据一起送至码头和理货。

表4－1－8

场站收据					
COCO-CK62912356				D/R 编号（舱位号）	
SHIPPER SHANGHAI KAIBLUENG FREIGHT REPRESENTATIVE COMPANY 168 WEIWU ROAD,PUTUO DISTRICT, SHANGHAI CHINA 021-52176201				场站收据	第四联
CONGSIGNEE TO ORDER					
NOTIFY PARTY PARIS FRANCE BLUE DRESS CO.,LTD					
PRE-CARRIAGE		PLACE OF RECEIPT			
OCEANVESSELVOY.NO. COCO ONLY V. 909E		PORT OF LOADING SHANGHAI			
PORT OF DISCHARGE MARSEILLES		PLACE OF DELIVER		FINAL DESTINATION FOR THE MERCHANT'SRSFERENCE	
CONTAINER NO.	SEAL &NOS NO.MARKS	NO.OFCONTA-INERSOR PKGS	KIND OR PACKAGE DESCRIPTION OF GOODS	GROSS WEIGHT	MEASUREMENT
	N/M	400	CARTON	3500.00KGS	27.945M³
TOTAL NUMBER OF CONTAINERS OR PACKAGES:			SAY FOUR HUNDRED CARTONGS ONLY		
CONTAINER NO. SEAL NO. PKGS.			CONTAINER NO. SEAL NO. PKGS.		
		RECEIVED		BY TERMINAL CLERK	
FREIGHT & CHARGES	PREPAID AT: SHANGHAI	PAYABLE AT		PLACE OF LSSUE	
	TOTAL PREPAID	NO.OF ONGINAL B(S)/L		BOOKING APPROVED BY	
SERVICE TYPE ON RECEIVING ( ) CY ( ) CFS ( ) DOOR	SERVICE TYPE ON DELIVERY ( ) CY ( ) CFS ( ) DOOR	REEFER TEMPERATUREREQUIRDE (冷藏温)		°F	℃
TYPE OF GOODS	( ) ORDINARY ( ) REEFER ( ) DANGEROUS ( ) AUTO. ( ) LIQUID ( ) LIVE ANIMAL ( ) BULK			危险品	CLASS. PROPERTY. IMDG CODE PAGE. UN NO
	海关加盖放行章	船代加盖签单章			

（8）装船。集港完成之后，海关及驻航办根据船代发送的最后一遍“集港舱单”即可确认本条船将要出运的所有货物。

船公司即可开始制作“预配图”，用于配装。船公司在收到的上一港船公司发来的船图上做预配。“预配图”制作完成之后，要在船进港前 12 个小时，将单据给作业部门，准备安排装船并做新船图。

作业人员获得“预配图”之后，根据港序：框架箱在上、危险隔开、小在下、大在上的原则整理出一份“配载图”。作业人员依据“配载图”完成货物的装船作业。并对实际的装箱位置进行记录。若与“配载图”不一致，要及时地做记录并修改“电子配载图”做成最后的“积载图”和“退关清单”。“积载图”做成船图之后，作为随船单据。

（9）签发“提单”。当船公司收到“积载图”“退关清单”之后，便可为签发提单做准备。此时 COCO 船公司上海分公司会根据“退关清单”给总公司和下一港发送“清洁舱单”。

在签发提单时，需要船公司确定运费是否已经结算。运费的结算方式有两种：一种是预付，另一种是到付。

船代公司核查账目之后，发现运费已经支付。于是给凯盛货代签发提单，见表 4－1－9。

表 4－1－9

B/L NO.COCO-CK62912356

Shipper
SHANGHAI KAIBLUENG FREIGHT REPRESENTATIVE COMPANY
168 WEIWU ROAD,PUTUO DISTRICT, SHANGHAI CHINA
021-52176201

Consignee
PARIS FRANCE BLUE DRESS CO.,LTD
686 , CHAMPS-ELYSEES STREET PARIS.FRANCE

COCO Shipping Co.
Bill of Lading

Notify Party
PARIS FRANCE BLUE DRESS CO.,LTD
686 , CHAMPS-ELYSEES STREET PARIS.FRANCE

Pre-carriage by	**Place of Receipt**
Ocean Vessel Voy. No. (5) COCO ONLY V. 909E	**Port of Loading** (6) SHANGHAI
Port of Discharge MARSEILLES	**Place of Delivery**

Container No. Seal No. Marks & Nos.	No. of Containers of P kgs	Kinds of Packages; Description of Goods	Gross Weight kgs	Measurement
COCO4597787*1(1) N/M	400CTNS 20GP×1	Lady Sweater 80% HIGH QUALITY AUSTRALIAN WOOL 20% NATURAL SILK 100% NATYUAL.	3500.00KGS	27.945M3

TOTAL NUMBER OF CONTAINER OR PACKAGES (IN WORDS)
SAY FOUR HUNDRE CARTONS ONLY

Freight & Charge PREPAID		**Revenue Tons**	**Rate**	**Per**	**Prepaid**	**Collect**
Ex. Rate.	**Prepaid at**	**Payable at**		**Place and date of Issue** MARCH 2, 2018 SHANGHAI, CHINA		
	Total prepaid	**No. of Original B(s)/L** THERR		**Signed for THE Carrier,** **COCO Shipping Co. as carrier**		

LADEN ON BOARD THE VESSEL
DATE

(TERMS PLEASE FIND ON BACK OF ORIGINAL B/L)

凯盛货代顺利获得提单之后，即可与上海天悦服装有限公司进行运费的结算，天悦获得提单之后，将单据寄给法国巴黎 BLUE 服饰有限公司即可顺利提货。凯盛货代获得船公司签发的提单（MASTER B/L）之后，与上海天悦服装有限公司签发确认运费已结算之后，便自己签发小提单（HOUSE B/L）给上海天悦服装有限公司，见表 4－1－10。

表 4－1－10

B/L NO. COCO-CK62912356

Shipper
SHANGHAI KAIBLUENG FREIGHT REPRESENTATIVE COMPANY
168 WEIWU ROAD,PUTUO DISTRICT, SHANGHAI CHINA
021-52176201

COCO Shipping Co.
Bill of Lading

Consignee
PARIS FRANCE BLUE DRESS CO.,LTD
686 , CHAMPS-ELYSEES STREET PARIS.FRANCE

Notify Party
PARIS FRANCE BLUE DRESS CO.,LTD
686 , CHAMPS-ELYSEES STREET PARIS.FRANCE

Pre-carriage by	**Place of Receipt**
Ocean Vessel Voy. No. (5) COCO ONLY V. 909E	**Port of Loading** (6) SHANGHAI
Port of Discharge MARSEILLES	**Place of Delivery**

Container No. Seal No. Marks & Nos.	No. of Containers of P kgs	Kinds of Packages; Description of Goods	Gross Weight kgs	Measurement
COCO4597787*1(1) N/M	400CTNS 20GP×1	Lady Sweater 80% HIGH QUALITY AUSTRALIAN WOOL 20% NATURAL SILK 100% NATYUAL.	3500.00KGS	27.945M³

TOTAL NUMBER OF CONTAINER OR PACKAGES (IN WORDS)

SAY FOUR HUNDRE CARTONS ONLY

Freight & Charge PREPAID		**Revenue Tons**	**Rate**	**Per**	**Prepaid**	**Collect**
Ex. Rate.	**Prepaid at**	**Payable at**		**Place and date of Issue** MARCH 2, 2018 SHANGHAI, CHINA		
	Total prepaid	**No. of Original B(s)/L** THERR		**Signed for THE Carrier,** **COCO Shipping Co. as carrier**		

LADEN ON BOARD THE VESSEL
DATE

(TERMS PLEASE FIND ON BACK OF ORIGINAL B/L)

这样这批女士针织衫的出口运输操作就顺利完成了。

3. 填制标准

（1）“订舱委托书”。

D/R 编号（舱位号）：填写单据编号，一般为提单号，此处不填写。

SHIPPER（发货人）：一般情况下，填写出口公司的名称和地址。如果是由中国对外贸易运输公司代理货主办理租船订舱的，此栏应填“中国对外贸易运输公司×××分公司”。

CONGSIGNEE（收货人）：按信用证中提单制作要求填写。一般填写开证申请人名称和单位。常采用指示收货人 TO ORDER 或 TO ORDER OF...，便于控制物权。

NOTIFY PARTY（通知人）：填写接收船方发出货到通知的人的名称和地址。一般也可以填写销售确认书的收货人名称和地址。

PRE－CARRIAGE（前程运输）：需填写第一程运输的船名或采用集装箱联合运输时在装货港装船前的运输工具。

PLACE OF RECEIPT（收货地点）：填写合同内规定的收货地点。一般为货交承运人的地点。

OCEANVESSELVOY. NO.（船名或航次）：进出口全部由船舶代理人填写。

Port of loading（装货港）：填写销售确认书、信用证规定的货物的装货港。

Port of discharge（卸货港）：信用证规定的货物的卸货港。

Place of deliver（交货地点）：信用证规定的货物的实际交货地点。

Final destination for the merchant’srsference（目的地）：填写合同内规定的收货目的地点。

Container NO.（集装箱号）：进口拆箱由船舶代理人填写；出口装箱除指定箱号外，由港区、场/站填写。

Seal No. marks & Nos（封志号 & 唛头和号码）：填写货物外包装上的运输标记。多个集装箱编号、其他必须说明的事项也填在本栏内。

No. of containers Or PKGS（箱数或件数）：指最大包装的件数，需按实际情况填写。

Kind of package（包装种类）：按照海关的“包装种类代码表”中的种类名称或代码选择正确的填写。

Gross weight（毛重）：严格按信用证填写，以千克记。

Measurement（总尺码）：填写所装货物的体积（货物尺码总数），不仅包括各种货物之和，还应包括件与件之间堆放时的空隙总和。

Freight&charges：Prepaid at（预付地点）：信用证规定的预付地点。

Total prepaid（预付总额）：信用证规定的预付总额。

NO. of Original B/L（正本提单份数）：信用证规定的正本提单份数。

可否转船：根据客户要求填写是否需转船。

可否分批：根据客户要求填写是否可以分批。

装期：在合同或信用证中会有明确规定。

效期：本份单据的有效使用时间。

金额：本单业务需支付的总费用。

制单日期：填写制作本单据的日期。

（2）“集装箱发放/设备交接单”。

NO：填写交接单号。

用箱人/运箱人（CONTAINER USER/HAULIER）①：由船舶公司的箱管单位填写，填写时应列明责任方或委托方。

提箱地点（PLACE OF DELIVERY）②：进口拆箱由船舶代理人填写；出口装箱由港区、场/站填写；因检验、修理、清洗、租赁、堆存、转运出口而提离有关港区、场/站的空箱，提箱地点由船舶代理人填写。

来自地点（WHERE FROM）：进口拆箱由船舶代理人填写；出口装箱由运箱人填写。如进口箱出口箱须套箱时，必须于套箱前到船舶代理人处办理套箱手续，更正进场联的“来自地点”栏，并加盖船舶代理人同意套箱字样，否则，港区、场/站不予收箱，船舶代理人将视其超期使用。

返回/收箱地点（PLACE OF RETURN）：进出口全部由船舶公司的箱管单位填写。

船名/航次（VESSEL/VOYAGE NO）：进出口全部由船舶代理的箱管单位填写，根据船公司给的放箱指令填写船名、航次。

集装箱号（CONTAINER NO.）：进出口全部由船舶代理的箱管单位填写，根据船公司给的放箱指令填写集装箱的尺寸和类型。

尺寸/类型（SIZE/TYPE）：由运箱人或是用箱人填写。

营运人（CNTR. OPTR.）：进出口全部由船舶代理的箱管科填写，是港区、场/站对集装箱进行管理的主要依据，凡“集装箱设备交接单”签发后，营运人发生变更时必须由船舶代理人及时通知港区、场/站。

提单号（B/L NO.）：由具体的运箱人/用箱人填写，根据船代公司或是货代公司给的提箱联系单填写。

铅封号（SEAL NO.）：进口由船舶代理人填写，出口装箱由运箱人要求装箱点填写。

免费期限（FREE TIME PERIOD）：进出口全部由船舶代理人的箱管科填写，不同箱型对应的免费用箱期时间不一样。

运载工具牌号（TRUCK，WAGON，BARGE NO.）：指前往提取空箱的集装箱拖车的车牌号。

出场目的/状态（PPS OF GATE－OUT/STATUS）、进场目的/状态（PPS OF GATE－IN/STATUS）：由船舶代理人填写集装箱进场和出场时的状态。

进场日期（TIME－IN）：由港区、场/站道口填写具体的进场日期，控制免费用箱期。

进场检查记录（INSPECTION AT THE TIME OF INTERCHANGE）：记录进出的集装箱及其状态，为还箱作准备。

普通集装箱（GP CONTAINER）、冷藏集装箱（RF CONTAINER）、特种集装箱（SPECIAL CONTAINER）、发动机（GEN SET）：由码头、场站经办人填写普通集装箱、冷藏集装箱、特种集装箱、发动机的检查记录，若正确无误，为还箱做准备。

损坏记录及代号（DAMAGE&CODE）：BR 破损（BROKEN）、D 凹损（DENT）、M 丢失（MISSING）、DR 污箱（DIRTY）、DL 危标（DG LABEL）：由运箱人和港区、场/站道口工作人员联合检查，如有异状，由港区、场/站道口人员注明程度及尺寸。

注意：集装箱进出场责任划分，交接前由交方承担；交接后由接方承担。

(3)“装箱单”。

Ship's name/Voy No. (船名/航次)：根据提箱单填写。

Port of loading (装港)：本次运输船运的起始装运港。

Port of discharge (卸港)：本次运输船运的最终目的港。

Place of delivery (交货地)：本次运输船运的交货地点。

Container No. 箱号：车队到堆场提空之后，将集装箱号码填在装箱单上。

B/L No. (提单号)：根据提箱单填写。

Packages& packing (件数与包装)：填写本批货物运输的实际包装件数及种类。

Gross weight (毛重)：注明每个包装件的毛重和此包装件内不同规格、品种、花色货物各自的总毛重。

Measurements (尺码)：一个包装单元的实际体积。

Description of Goods (货名)：集装箱内所装货物名称，按照买卖合同名称填写中英文名称。

Marks & Numbers (唛头)：N/M。

Seals No. 封号：集装箱的铅封号，由车队填写。

Cont Size (箱型 20′、40′、45′)：填写集装箱的类型，由车队选择填写。

Cont Type 箱类 (GP = 普通箱、TK = 油罐箱、RF = 冷藏箱、PF = 平板箱、OT = 开顶箱、HC = 高箱、FR = 框架箱、HT = 挂衣箱)：填写集装箱的类型，由车队选择填写。

Packer's name/address (装箱人名称/地址)：填写实际的装箱地点，由车队填写。

TEL NO. (电话号码)：填写电话号码。

Packing Date (装箱日期)：装箱的具体日期。

Received by Drayman (驾驶员签收及车号)：驾驶员签收及填写车号。

Total packages (总件数)：填写货物总件数。

Total carge wt (总货重)：填写货物总重量。

Total meas (总尺码)：填写货物总体积。

Remarks (备注)：装箱过程中的商品在装集装箱时的备注信息在此处填写。

Packed by (装箱人签名)：装箱人签字。

Received by terminals/ date of receipt (码头收箱签收和收箱日期)：此处由码头具体收集装箱的部门填写，记录集装箱的进场状态和日期。

Cont tare wt (集装箱皮重)：此处填写集装箱自重，如 × ×KGS。

Cgo/Cont total wt (货/箱总重量)：此处填写集装箱自重与 货物重量总和，如 × ×KGS。

(4)“场站收据”。

D/R 编号 (舱位号)：填写单据编号，一般为提单号，此处不填写。

SHIPPER (发货人)：一般情况下，填写出口公司的名称和地址。如果是由中国对外贸易运输公司代理货主办理租船订舱的，此栏应填“中国对外贸易运输公司 × × ×分公司”。

CONGSIGNEE (收货人)：按信用证中提单制作要求填写。一般填写开证申请人名称和单位。常采用指示收货人 TO ORDER 或 TO ORDER OF. . . ，便于控制物权。

NOTIFY PARTY (通知人)：填写接收船方发出货到通知的人的名称和地址。一般也可以填写销售确认书的收货人名称和地址。

PRE－CARRIAGE（前程运输）：需填写第一程运输的船名或采用集装箱联合运输时在装货港装船前的运输工具。

PLACE OF RECEIPT（收货地点）：填写合同内规定的收货地点。一般为货交承运人的地点。

OCEAN VESSEL VOY. NO.：（船名或航次）：进出口全部由船舶代理人填写。

Port of loading（装货港）：填写销售确认书、信用证规定的货物的装货港。

Port of discharge（卸货港）：信用证规定的货物的卸货港。

Place of deliver（交货地点）：信用证规定的货物的实际交货地点。

Final destination for the merchant' srsference（目的地）：填写合同内规定的收货目的地点。

Container NO.（集装箱号）：进口拆箱由船舶代理人填写；出口装箱除指定箱号外，由港区、场/站填写。

Seal No. marks & Nos（封志号 & 唛头和号码）：填写货物外包装上的运输标记。多个集装箱编号、其他必须说明的事项也填在本栏内。

No. of containers Or PKGS（箱数或件数）：指最大包装的件数，需按实际情况填写。

Kind of package（包装种类）：按照海关的"包装种类代码表"中的种类名称或代码选择正确的填写。

Gross weight（毛重）：严格按信用证填写，以千克记。

Measurement（总尺码）：填写所装货物的体积（货物尺码总数），不仅包括各种货物之和，还应包括件与件之间堆放时的空隙总和。

Freight&charges：Prepaid at（预付地点）：信用证规定的预付地点。

Total prepaid（预付总额）：信用证规定的预付总额。

NO. of Original B/L（正本提单份数）：信用证规定的正本提单份数。

可否转船：根据客户要求填写是否需转船。

可否分批：根据客户要求填写是否可以分批。

装期：在合同或信用证中会有明确规定。

效期：本份单据的有效使用时间。

4. 提示易错栏目

（1）"订舱委托书"。"订舱委托书"即"托运单"，一般由发货人自己或者委托的货代填写。在填写"订舱委托书"即"托运单"时，因为此时船公司或者船代公司还没有"订舱确认"，所以：

D/R 编号、船名航次、集装箱号三个栏目此时不填写。

收发货人名称、地址、电话、传真：这里要求是收发货人的中英文名称，须严格按照销售确认书的填写。

通知方：如果收货人处填写了"TO ORDER"，就必须要填写通知方。如果是电放，就必须填写收货人。

装卸港口：此时的装港和卸港的描述要全部与 L/C 或销售确认书的描述一致。

唛头：如果没有就标注 N/M。如果有就按标准的唛头填写。

品名、件、重、尺：如实填写即可；若为特殊商品需特殊备注。

转船运输和分批运输：此栏目要完全与销售确认书和信用证描述的一致。为避免纠纷，此栏目常填写“NO”，特殊情况除外。

要求的船期和运费：要在委托书空白处或指定栏目重点突出。

本任务中，上海天悦服装有限公司填写“订舱委托书”给上海凯盛货运代理公司，委托其租船订舱。托书中重点将商品信息、要求装船日期和运费等栏目在“订舱委托书”中重点表示。

（2）“设备交接单”。“设备交接单”一般由箱管中心在订舱确认，给用箱人分配集装箱。当提箱人提空箱时由箱管中心填写；当车队完成装箱时，由车队补充填写。

（3）“集装箱装箱单”。当提箱人提空箱时，由箱管中心填写表头部分；当车队完成装箱时，由车队补充填写有关集装箱装箱时的货品部分；车队送重箱进场时，由港口检查桥（收箱人）补充填写实际的重箱重。

重点填写集装箱所属的船名航次、集装箱类型、集装箱号、提单号、商品件、重、尺等信息；此时填写的信息必须完全与事实相符，此时的信息涉及重箱货物的集港。

本任务中，上海凯盛货运代理有限公司在完成提空之后，就直接将集装箱运到天悦服装有限公司，准备开始装箱。此时在工厂装箱时填写，此时要求填写这批服装的准确的件重尺。

（4）“场站收据”。“场站收据”的填写标明已经订舱确认，此时要重点填写：船名航次、提单号、集装箱号、装船日期等栏目的填写。

有关商品部分要依据准确的件重尺填写；不得与报关数据有出入。

本任务中，货代公司将“场站收据”给海关，场站收据作为关单，申请海关放行！

任务实施

请模拟上海凯盛货运代理公司来完成这批针织衫的出口代理操作。

任务二　出口运输作业——报关业务

学习目标

1. 知道货物出口报关流程。
2. 会缮制“出口货物报关单”。

任务导入

上海家悦贸易有限公司（以下简称家悦贸易，经营单位编码：1203911299）是一家经营毛绒玩具的企业，2012 年 01 月 12 日，与日本欧式会社签订一份贸易合同，将要出口一批型号为 JQ0987 的玩具熊。上海凯盛货运代理公司（以下简称“凯盛货运”）是一家具有报关资质的货代公司，2011 年 03 月 01 日在接到家悦贸易的委托之后，随附“销售确认书”

（表4－2－1）、“发票”（表4－2－2）、“箱单”（表4－2－3）、“收汇核销单”“出境货物通关单”等单据。

表4－2－1

销售确认书（SALE CONTRACT）：

S/C NO:JQCK0837　DATE:2018-03-12

1.货物名称、规格、数量、单价、总价

Name of Commodity ,Specifications 商品名称、规格	Quantity 数量	Unit Price 单价	Total Amount 总价
PLUSH TOYS STUFFED ANIMALS JQ0987 BROWN	6400 PCS	USD12.0	USD76800.00
总值 Total Value	USD76800.00		

2.价格术语（PRICE TERMS）：CIF KOBE JAPAN

3.唛头（SHIPPING MARKS）：N/M

4.转运港（PORT OF SHIPMENT）：上海港 SHANGHAI

5.目的港(PORT OF DESTINATION)：　横滨 KOBE JAPAN

6.运费：USD200.00

7.保费率：千分之三

8.付款方式（PAYMENT）：信用证 L/C

9.装船日期（DATE OF LOADING）：2019-03-19

表4－2－2

发票（INVOCE）：

INV.NO:JQ0387-05

S/C NO:JQCK0837

DATE:MAR.05.2019

CONSIGNEE: 上海家悦贸易有限公司（经营单位编码：1203911299）

PORT OF LOADING: SHANGHAI

DESTINATION: KOBE,JAPAN

TRANSPORTATION WAY: BY SEA

DELIVERY TERMS:CIF KOBE

PAYMENT TERMS: L/C

Descripation	Quantity	Unit Price	Amount
PLUSH TOYS STUFFED ANIMALS JQ0987 BROWN	6400 PCS	USD12.0	USD76800.00
Total	6400 PCS		USD76800.00

表 4－2－3

箱单（PACKING LIST）：

S/C NO: JQCK0837

DATE: MAR.05.2019

CONSIGNEE: 上海家悦贸易有限公司（经营单位编码：1203911299）

PORT OF LOADING: SHANGHAI, CHINA

DESTINATION: KOBE,JAPAN

TRANSPORTATION WAY: BY SEA

DELIVERY TERMS: CIF KOBE

PAYMENT TERMS: L/C

Description	Quantity	G.W(KGS)	N.W(KGS)
PLUSH TOYS STUFFED ANIMALS JQ0987 BROWN	800CNTS	637kgs	607kgs
Total	800CNTS	637kgs	607kgs

补充资料：

运输工具名称：DONGFANG/E032

提运单号：DF105636

许可证号：774277021

商品编号：730900090

出口口岸：浦东海关

任务要求

凯盛货运报关人员怎样完成这批货物的出口报关任务。

涉及岗位

报关行报关员。

知识准备

1. 认知单据

“出口货物报关单”是按海关总署规定的统一格式和填制规范，由出口企业或其代理人填制并向海关提交的申报货物状况的法律文书，是海关依法监管货物出口、征收关税及其他税费、编制海关统计以及处理其他海关业务的重要凭证。

“出口货物报关单”有三联。第一张黄联，是退税联。第二张绿联，是核销联。第三张蓝联，是企业留存联。

2. 报关业务流程

（1）报关委托。在船公司接收货物运输及订舱确认，获得“配舱回单”之后就可以开始报关报检操作。

委托报关需要委托专业或代理报关企业向海关办理申报手续。在货物出口之前，应在出口口岸就近向专业报关企业或代理报关企业办理委托报关手续。于是家悦贸易就开始填写“报关委托书”。“报关委托书”见表4－2－4。

表4－2－4

代 理 报 关 委 托 书

我单位（A逐票、B长期）委托贵公司代理ABCD等通关事宜。（A、填单申报 B、辅助查验 C、点缴税款 D、办理海关证明联 E、审批手册 F、核销手册 G、申办减免税款 H、其他）详见“委托报关协议”。

我单位保证遵守《海关法》和国家有关法规，保证所提供的情况属实、完整、单货相符，无侵犯他人知识产权的行为。否则，愿承担相关法律责任。

本委托书有效期自签字之日起至　　年　　月　　日止。

委托方（盖章）：上海家悦贸易有限公司

法定代表人或其授权签署“代理报关委托书”的人（签字）：×××

2018年05月01日

委 托 报 关 协 议

为明确委托报关具体事项和各自责任，双方经平等协商签订协议如下：

委托方	上海家悦贸易有限公司
主要货物名称	JQ0987的玩具熊
HS编码	95030021
货物总价	
进出口日期	2019年03月17日
提单号	×××
贸易方式	一般贸易
原产地/货源地	上海其他
其他要求	
背面所列通用条款是本协议不可分割的一部分，对本协议的签署构成了对背面通用条款的同意	
委托方业务签章： 上海家悦贸易有限公司 经办人签章：××× 联系电话：	

被委托方	上海凯盛货运集团	
报关单编	××××	
收到单证日期	××××	
收到单证情况	■合同	■发票
	■装货清单	□提单
	□加工贸易手册	□许可证号
	其他 核销单 通关单	
报关收费	人民币：×××　元	
承诺说明：		
背面所列通用条款是本协议不可分割的一部分，对本协议的签署构成了对背面通用条款的同意		
被委托方业务签署： 上海凯盛货运集团 经办人签章：××× 联系电话：		

（2）填制报关单草单。报关行在接到《报关委托书》即报关委托之后，根据货主即家悦贸易随附“合同”“发票”“箱单”“核销单”“出境货物通关单”等单据填制报关草单，见表4－2－5。

表4－2－5

中华人民共和国海关出口货物报关单

预录入编号　　　　　　　　　　　　　　　　　　海关编号

<table>
<tr><td colspan="2">出口口岸
2210 浦东海关</td><td colspan="2">备案号</td><td>出口日期
2012-03-19</td><td>申报日期</td></tr>
<tr><td colspan="2">经营单位
1203911299 上海家悦贸易有限公司</td><td colspan="2">运输方式
水路运输</td><td>运输工具名称
DONGFANG/E032</td><td>提运单号
DF105636</td></tr>
<tr><td colspan="2">发货单位
1203911299 上海家悦贸易有限公司</td><td colspan="2">贸易方式
一般贸易</td><td>征免性质
一般征税</td><td>结汇方式
信用证</td></tr>
<tr><td>许可证号
774277021</td><td colspan="3">运抵（国地区）
日本</td><td>指运港
横滨</td><td>境内货源地
上海其他</td></tr>
<tr><td>批准文号</td><td colspan="2">成交方式
CIF</td><td>运费
502/200/3</td><td>保费
0.3/1</td><td>杂费</td></tr>
<tr><td>合同协议号
JQCK0837</td><td colspan="2">件数
800</td><td>包装种类
纸箱</td><td>毛重（公斤）
637</td><td>净重（公斤）
607</td></tr>
<tr><td>集装箱号</td><td colspan="4">随附单据</td><td>生产厂家</td></tr>
<tr><td colspan="6">标记唛码及备注</td></tr>
</table>

项号	商品编号	商品名称规格型号	数量及单位	最终目的地国（地区）	单价	总价	币制	征免
1	730900090	玩具熊 JQ0987	607千克 6400件	日本	12.00	76800.00	美元	照章征免

<table>
<tr><td colspan="3">税费征收情况</td></tr>
<tr><td>录入员　　录入单位

报关员

单位地址

邮编　　电话</td><td>兹声明以上申报无讹并承担法律责任

申报单位（签章）

填制日期</td><td>海关单批注及放行日期（签章）
审单　审价

征税　　统计

查验　　放行</td></tr>
</table>

小贴士

“出口货物报关单”制单依据

“出口货物报关单”根据进出口双方签订的“销售确认书”或者“销售合同”“发票”“箱单”“报关委托书”“托运单”等基础单据填写。

（3）发送 EDI（登录电子口岸）。中国海关 EDI 通关系统是指海关与通关对象之间运用 EDI 技术自动交换和处理通关文件，并利用海关计算机应用系统及时、自动完成整个通关过程的 EDI 实用系统，见表 4－2－6。EDI 通关系统涉及进出口货物报关、审单、征税、放行等通关环节。EDI 通关系统进一步简化了通关手续，用户在许多情况下不必派人到海关办理报关手续。

表 4－2－6

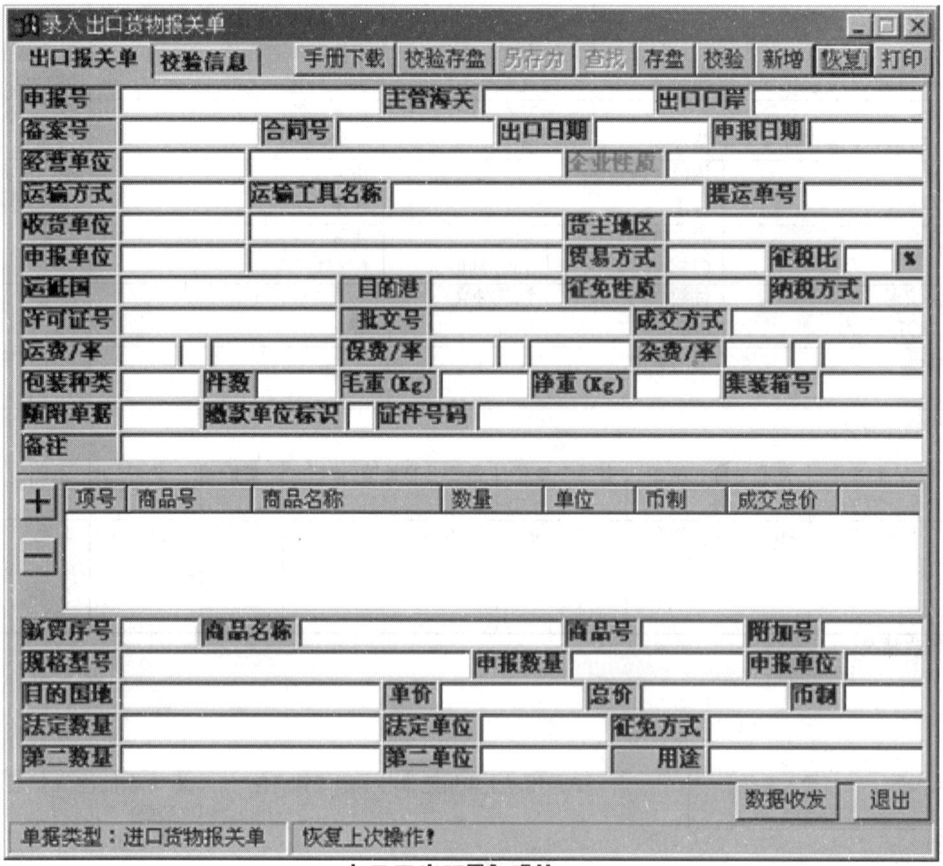

电子口岸预录入系统

进出口货物收发货人或其代理人通过计算机系统，按照《中华人民共和国海关进出口货物报关单填制规范》的有关要求，向海关传送报关单电子数据，并备齐随附单证的申报方式。

《中华人民共和国海关法》规定："办理进出口货物的海关申报手续，应当采用纸质报关单和电子数据报关单的形式。"这一规定确定了电子报关的法律地位，使电子数据报关单和纸质报关单具有同等的法律效力。

报关行登录海关电子口岸，在海关规定的期限内，填制好的报关草单的内容通过预录入或 EDI 方式将报关数据输入计算机，并确认录入数据无误后向海关申报，进行报关申请。电子申报的货物信息会通过海关内部系统 EDI 传输给海关审单中心。

（4）EDI 回执查看。海关在接到电子申报之后，会进行电子审核。对电子报关的货品信息及"报关单"的填制与已经收到的"预配舱单"进行审核。浦东海关审核完成，EDI 放行便去海关继续办理通关事宜。

审核完成之后，将会要求凯盛货运报关行将“报关单”及“销售确认书”“发票”“箱单”“核销单”等随附单证递交给海关办理通关事宜。

在此处，如果电子审单没有通过，就需要报关人员持报关单到海关进行人工审单。

（5）现场报关。报关行在收到审单处电子审核完毕的回执后，及时打印书面“报关单”三份，并随附“发票”“装箱单”“合同”“出境货物通关单”“场站收据”及所需各类许可证件等单证，向现场海关接单窗口办理手续。审核单据之间的内容须一致。

（6）验关放行。浦东接单海关在接受凯盛货代递交的书面“报关单”并审核之后，以此单证为依据，在重箱堆场，对这批出口的玩具熊进行现场查验。确定“报关单”中申报的报关内容和实际出口的货物相一致。

小贴士

重箱与空箱

重箱是集装箱进出口业务的一种专业术语，意思是说已装货物的集装箱，与空箱的意思相对。

经查验审核完成后，即可流转到海关放行环节，进行实物放行。并在“场站收据”上加盖“海关放行章”。

3. 填制标准

“中华人民共和国海关出口货物报关单”

（1）预录入编号：指申报单位或预录入单位对该单位填制录入的报关单的编号，预录入编号规则由接受申报的海关决定。

（2）海关编号：指海关接受申报时给予“报关单”的编号，海关编号由各海关在接受申报环节确定，应标识在“报关单”的每一联上，“报关单”海关编号为18位数字，其中第1～4位为接受申报海关的编号（“关区代码表”中相应海关代码），第5～8位为海关接受申报的公历年份，第9位为进出口标志（“1”为进口，“0”为出口），后9位为顺序编号。

（3）出口口岸：指货物实际进（出）我国关境口岸海关的名称。本栏目应根据货物实际进（出）口的口岸海关选择填报“关区代码表”中相应的口岸海关名称及代码。

（4）备案号：指进出口企业在海关办理加工贸易合同备案或征减、免、税审批备案等手续时，海关给予“进料加工登记手册”“来料加工及中小型补偿贸易登记手册”“进出口货物征免税证明”（以下简称“征免税证明”）或其他有关备案审批文件的编号，一份报关单只允许填报一个备案号。

（5）出口日期：指运载所申报货物的运输工具办结出境手续的日期。本栏目供海关打印报关单证明联用。预录入报关单及EDI报关单均免于填报。本栏目为8位数，顺序为年（4位）、月（2位）、日（2位）。

（6）申报日期：指海关接受进（出）口货物的收、发货人或其代理人申请办理货物进（出）口手续的日期。预录入及 EDI 报关单填报向海关申报的日期，与实际情况不符时，由审单关员按实际日期修改批注。本栏目为 8 位数，顺序为年（4 位）、月（2 位）、日（2 位）。

（7）经营单位：指对外签订并执行进出口贸易合同的中国境内企业或单位。本栏目应填报经营单位名称及经营单位编码。经营单位编码为 10 位数字，指进出口企业在所在地主管海关办理注册登记手续时，海关给企业设置的注册登记编码。

（8）运输方式：指载运货物进出关境所使用的运输工具的分类。本栏目应根据实际运输方式按海关规定的“运输方式代码表”选择填报相应的运输方式。

（9）运输工具名称：指载运货物进出境的运输工具的名称或运输工具编号。本栏目填制内容应与运输部门向海关申报的载货清单所列相应内容一致。一份报关单只允许填报一个运输工具名称。

（10）提运单号：指进出口货物提单或运单的编号。本栏目填报的内容应与运输部门向海关申报的载货清单所列相应内容一致。一份报关单只允许填报一个提运单号，一票货物对应多个提运单时，应分单填报。

（11）发货单位：发货单位指出口货物在境内的生产或销售单位，包括：①自行出口货物的单位。②委托有外贸进出口经营权的企业出口货物的单位。本栏目应填报收、发货单位的中文名称或其海关注册编码。

（12）贸易方式：本栏目应根据实际情况，并按海关规定的“贸易方式代码表”选择填报相应的贸易方式简称或代码。一份报关单只允许填报一种贸易方式。

（13）征免性质：指海关对进出口货物实施征、减、免税管理的性质类别。本栏目应按照海关核发的“征免税证明”中批注的征免性质填报，或根据实际情况按海关规定的“征免性质代码表”选择填报相应的征免性质简称或代码。加工贸易报关单本栏目应按照海关核发的“登记手册”中批注的征免性质填报相应的征免性质简称或代码。

（14）结汇方式：即出口货物的发货人或其代理人收结外汇的方式。本栏目应按海关规定的“结汇方式代码表”选择填报相应的结汇方式名称或代码。

（15）许可证号：应申领进（出）口许可证的货物，必须在此栏目填报外经贸部及其授权发证机关签发的进（出）口货物许可证的编号，不得为空。

（16）运抵国（地区）：指出口货物直接运抵的国家（地区）。本栏目应按海关规定的“国别（地区）代码表”选择填报相应的运抵国（地区）中文名称或代码。

（17）指运港：指出口货物运往境外的最终目的港；最终目的港不可预知的，可按尽可能预知的目的港填报。本栏目应根据实际情况按海关规定的“港口航线代码表”选择填报相应的港口中文名称或代码。

（18）境内货源地：指出口货物在国内的产地或原始发货地，本栏目应根据出口货物生产厂家或发货单位所属国内地区，并按海关规定的“国内地区代码表”选择填报相应的国内地区名称或代码。

（19）批准文号：本栏目用于填报“出口收汇核销单”编号。

（20）成交方式：本栏目应根据实际成交价格条款按海关规定的“成交方式代码表”选择填报相应的成交方式代码。无实际进出境的，出口填报 FOB 价。

（21）运费：本栏目用于成交价格中含有运费的出口货物，应填报该份报关单所含全部货物的国际运输费用。可按运费单价、总价或运费率三种方式之一填报，同时注明运费标记，并按海关规定的“货币代码表”选择填报相应的币种代码。

（22）保费：本栏目用于成交价格中含有保险费的出口货物，应填报该份报关单所含全部货物国际运输的保险费用。可按保险费总价或保险费率两种方式之一填报，同时注明保险费标记，并按海关规定的“货币代码表”选择填报相应的币种代码。

（23）杂费：指成交价格以外的、应计入完税价格或应从完税价格中扣除的费用，如手续费、佣金、回扣等，可按杂费总价或杂费率两种方式之一填报，同时注明杂费标记，并按海关规定的“货币代码表”选择填报相应的币种代码。

（24）合同协议号：本栏目应填报进（出）口货物合同（协议）的全部字头和号码。

（25）件数：本栏目应填报有外包装的出口货物的实际件数。特殊情况下填报要求如下：①舱单件数为集装箱（TEU）的，填报集装箱个数。②舱单件数为托盘的，填报托盘数。本栏目不得填报为0，裸装货物填报为1。

（26）包装种类：本栏目应根据出口货物的实际外包装种类，按海关规定的“包装种类代码表”选择填报相应的包装种类代码。

（27）毛重（千克）：指货物及其包装材料的重量之和。本栏目填报进（出）货物实际毛重，计量单位为千克，不足1公斤的填报为1。

（28）净重（千克）：指货物的毛重减去外包装材料后的重量，即商品本身的实际重量。本栏目填报进（出）口货物的实际净重，计量单位为千克，不足1千克的填报为1。

（29）集装箱号：集装箱号是在每个集装箱箱体两侧标示的全球唯一的编号。本栏目用于填报和打印集装箱编号及数量。集装箱数量四舍五入填报整数，非集装箱货物填报为0。

（30）随附单据：指随出口货物报关单一并向海关递交的单证或文件，合同、发票、装箱单、许可证等的必备的随附单证不在本栏目填报。本栏目应按海关规定的“监管证件名称代码表”选择填报相应证件的代码。

（31）生产厂家：指出口货物的境内生产企业。本栏目供必要时手工填写。

（32）标记唛码及备注：本栏目上部用于打印以下内容：

① 标记唛码中除图形以外的文字、数字。

② 受外商投资企业委托代理其进口投资设备、物品的外贸企业名称。

③ 加工贸易结转货物及凭“征免税证明”转内销货物，其对应的备案号应填报在本栏目，即“转至（自）××××××××××××手册”。

④ 其他申报时必须说明的事项。

本栏目下部供填报随附单据栏中监管证件的编号，具体填报要求为：监管证件代码＋“:”＋监管证件号码。一份报关单多个监管证件的，连续填写。

（33）备注：相关说明或补充。

（34）随附单证号：填写随附单据的单证号，如合同、发票、装箱单、许可证等的单证号。

（35）项号：本栏目分两行填报及打印。第一行打印报关单中的商品排列序号。第二行专用于加工贸易等已备案的货物，填报和打印该项货物在“登记手册”中的项号。

（36）商品编号：指按海关规定的商品分类编码规则确定的出口货物的商品编号。加工贸易“登记手册”中商品编号与实际商品编号不符的，应按实际商品编号填报。

（37）商品名称、规格型号：本栏目分两行填报及打印。第一行打印进（出）口货物规范的中文商品名称，第二行打印规格型号，必要时可加注原文。

（38）数量及单位：指出口商品的实际数量及计量单位。

（39）最终目的国（地区）：最终目的国（地区）指已知的出口货物的最终实际消费、使用或进一步加工制造国家（地区），本栏目应按海关规定的“国别（地区）代码表”选择填报相应的国家（地区）名称或代码。

（40）总价：本栏目应填报同一项号下进（出）口货物实际成交的商品总价。无实际成交价格的，本栏目填报货值。

（41）币制：指出口货物实际成交价格的币种。本栏目应根据实际成交情况按海关规定的“货币代码表”选择填报相应的货币名称或代码，如“货币代码表”中无实际成交币种，需转换后填报。

（42）征免：指海关对进（出）口货物进行征税、减税、免税或特案处理的实际操作方式。

（43）填制日期：指报关单的填制日期：本栏目为 8 位数，顺序为年（4 位）、月（2 位）、日（2 位）。

4. 提示易错栏目

（1）出口货物报关单的制单环节有两个环节：第一个环节：货代公司报关部或者是报关行收到报关委托书时，填写报关草单，此时没有准确的件重尺；第二个环节是在货物完成装箱后，获取准确的件重尺后，报关员登录海关电子口岸，填写电子版的“出口货物报关单”，此时对报关单的填写要求比较严格。

（2）经营单位与发货单位：填写这两个栏目时，首先确认发货单位是否有进出口经营权。若有，则这两个栏目填写的单位名称一致；若没有，则这两个栏目分别填写不同的经营单位和发货单位。

（3）备案号、贸易方式、征免性质、征免：四个栏目的填写由贸易方式决定，具体填制规则见表 4－2－7。

表 4－2－7

<table>
<tr><th>贸易方式
（代码）</th><th>备案号
（第一个字母）</th><th>征免性质
（或代码）</th><th>征免</th><th>用途
（或代码）</th><th>项号</th></tr>
<tr><td rowspan="4">一般贸易
（0110）</td><td>空</td><td>一般征税
（101）</td><td>照章征免
（1）</td><td>外贸自营内销
（1）</td><td>填报关单中的商品序号</td></tr>
<tr><td rowspan="3">Z
（征免税证明）</td><td>鼓励项目
（789）</td><td>全免
（3）</td><td rowspan="3">企业自用
（4）</td><td rowspan="3">第一行填报关单中的商品序号，第二行填报与《征免税证明》上一致的商品项号</td></tr>
<tr><td>自有资金
（799）</td><td>全免
（3）</td></tr>
<tr><td>科教用品
（401）</td><td>全免
（3）</td></tr>
</table>

续表

贸易方式（代码）	备案号（第一个字母）	征免性质（或代码）	征免	用途（或代码）	项号
来料加工（0214）	B（登记手册）	来料加工（502）	全免（3）	加工返销（5）	第一行填报关单中的商品序号，第二行填报与《登记手册》上一致的商品项号
进料对口（0615）	C（登记手册）	进料加工（503）	全免（3）	加工返销（5）	第一行填报关单中的商品序号，第二行填报与《登记手册》上一致的商品项号
合资合作设备（2025）	Z（征免税证明）	鼓励项目（789）	全免（3）	企业自用（4）	第一行填报关单中的商品序号，第二行填报与《征免税证明》上一致的商品项号
外资设备物品（2225）	Z（征免税证明）	鼓励项目（789）	全免（3）	企业自用（4）	第一行填报关单中的商品序号，第二行填报与《征免税证明》上一致的商品项号

（4）成交方式、运费、保费：成交方式一般有 FOB、CIF 两种，分到岸价和装运港价格，此处重点讲解这两个贸易术语下的栏目填制，具体的填制见表 4－2－8。

表 4－2－8

成交方式	运费	保费
FOB	不填（填了就是错）	不填（填了就是错）
FOB	不填（填了就是错）	不填（填了就是错）
CIF	填（不填就是错）	填（不填就是错）
CIF	填（不填就是错）	填（不填就是错）

运费栏目的填写：本栏应根据具体情况选择运输单价、运费总价或运费率三种方式之一填报，同时注明运费标记（运费率标记免填），并按海关规定的“货币代码表”选择填报相应的币种代码；运费标记“1”表示运费率，“2”表示每吨货物的运费单价，“3”表示运费总价，比如 24 元人民币的运费单价填报为 142/24/2。

保费栏目的填写：本栏的填写同运费的填写格式，其中，币种不填写，例如费率为千分之一的保险费填报为 0.1/1。

本任务中，成交方式为 CIF，运费栏目填写 502/200/3；保费栏目填写 0.3/1。

（5）集装箱号：集装箱号栏目的填写方式为：集装箱号＋“/”＋规格＋“/”＋自重。

（6）数量及单位：本栏目的填写为出口商品的成交数量及计量单位，以及海关法定计量范围和按照海关计量单位换算的数量，第一行填写法定第一计量单位，第二行填写法定第二计量单位，第三行填写成交单位，若无法定第二计量单位可省略填写。

任务实施

请模拟上海凯盛货运代理公司报关人员来完成这批玩具熊的出口货物报关任务。

任务三　出口运输作业——报检业务

学习目标

1. 知道出口环节中出境货物报检流程。
2. 会缮制“出境货物报检单”。

任务导入

2019 年 01 月 10 日，上海进出口贸易公司与德国 PRI 贸易公司签订销售合同，将出口一批绿茶到德国。2019 年 01 月 11 日，上海进出口贸易公司委托上海凯盛货运代理公司（以下简称“凯盛货代”）租船订舱。凯盛货代在接到订舱委托后编制了“集装箱货物海运托运单”向船公司订舱。2019 年 01 月 13 日，上海进出口贸易公司收到凯盛货代返还的“配舱回单”（表 4－3－1）之后，向上海出入境检验检疫局开始这批绿茶的报检。

表 4－3－1

					D/R编号（舱位号）DHL-CK62912356
SHIPPER SHANGHAI IMPORT & EXPORT TRADE CORPOTATION			配舱回单 第九联		
CONGSIGNEE TO ORDER					
NOTIFY PARTY PRI TRADING CORPORATION (HUMBURG / GERMANY)					
PRE-CARRIAGE		PLACE OF RECEIPT			
OCEANVESSELVOY.NO. DHL PUDONG V. 503		PORT OF LOADING SHANGHAI			
PORT OF DISCHARGE HUMBURG		PLACE OF DELIVER	FINAL DESTINATION FOR THE MERCHANT'SRSFERENCE		
CONTAINER NO.	SEAL NO.MARKS &NOS N/M	NO.OFCONTA-INERSOR PKGS 66	KIND OR PACKAGE DESCRIPTION OF GOODS CARTON	GROSS WEIGHT 330KGS	MEASUREMENT 27.945m^3
TOTAL NUMBER OF CONTAINERS OR PACKAGES:			SAY SIXTY AND SIX CARTONS ONLY		
CONTAINER NO.	SEAL NO.	PKGS.	CONTAINER NO.	SEAL NO.	PKGS.
装船日期：2019 年 01 月 28 日			EIVED	BY TERMINAL CLERK	
FREIGHT & CHARGES	PREPAID AT : SHANGHAI	PAYABLE AT		PLACE OF LSSUE	
	TOTAL PREPAID	NO.OF ONGINAL B(S)/L		BOOKING APPROVED BY	
SERVICE TYPE ON RECEIVING ( ) CY ( ) CFS ( ) DOOR	SERVICE TYPE ON DELIVERY ( ) CY ( ) CFS ( ) DOOR	REEFER TEMPERATURE REQUIRDE (冷藏温)		℉	℃
TYPE OF GOODS	( ) ORDINARY ( ) REEFER ( ) DANGEROUS ( ) AUTO. ( ) LIQUID ( ) LIVE ANIMAL ( ) BULK	船代加盖签单章	危险品	CLASS. PROPERTY. IMDG CODE PAGE. UN NO	

（1）买方（进口商）：
PRI TRADING CORPORATION（HUMBURG / GERMANY）
TEL：040 – 42841 – 0 / FAX：040 – 42841 – 1620；
（2）卖方（出口商）：
上海进出口贸易公司
SHANGHAI IMPORT & EXPORT TRADE CORPOTATION（上海/中国）
TEL：021 – 65788377 / FAX：021 – 65788376；
（3）货物名称及规格：中国绿茶/CHINSES GREEN TEA，66 箱/ PACKED IN 66 CARTONS。
（4）货物数量：330KGS。
（5）货物总值：USD 36300.00。
（6）合同日期：2019 年 01 月 10 日。
（7）合同号：RT05342。
（8）信用证号：E – 02 – L – 02969。
（9）出口许可证编号：2011052433。
（10）H. S. 编码：09021090。
（11）出口商编码：1957626546。
（12）启运口岸：上海/SHANGHAI。
（13）到达口岸：汉堡/ HUMBURG。
（14）运输工具及名称：PUDONG V. 503。
（15）集装箱规格与数量：TE × 112263978，1 × 20′。
（16）报检单位登记号：1486987661；联系人和电话：霍代参 13654563552。
（17）货物存放地：上海市逸仙路 500 号。
（18）用途：销售。
（19）生产单位注册号：8855996644。

任务要求

上海凯盛货运代理公司怎样完成这批绿茶的出口报检操作。

涉及岗位

货代公司报检部。

知识准备

1. 认知单据

（1）“出境货物报检单”。报检单是国家检验检疫部门根据检验检疫、鉴定工作的需要，为保证检验检疫工作规范化和程序化而设置的。它是报检人根据有关法律、行政法规或合同约定申请检验检疫机构对其某种货物实施检验检疫、鉴定意愿的书面凭证，它表明了申请人正式向检验检疫机构申请检验检疫、鉴定，以取得该批货物合法出口的合法凭证。报检单同时也是检验检疫机构对出入境货物实施检验检疫、起动检验检疫程序的依据。

（2）“出境货物通关单”。通关单就是法检（商检）商品的一种通行文件，即通常所说的商检单。通关单是报关单证之一，凡监管条件为 A 或 B 的属于法检目录的商品，这类货物需要去商检局办理出境货物通关单，进出口时出具通关单，海关才给予放行。

在“海关”机构网站中的“HS 编码”下，输入商品的海关编码，查看监管条件。凡监管条件为 B 的商品均需要出境货物通关单，出口商必须办理出口报检。办理报检时，应根据信用证或进口商要求，在出境货物报检单的“需要证单名称”栏下，选择所需商检证书。其中，“通关单”为必选单证。报检等待 1 小时后，出口商即可在“单据中心”查收到由商检部门签发的“出境货物通关单”及其他商检证书。

小贴士

出境货物报检单和出境货物通关单制单依据

①“出境货物报检单”。“出境货物报检单”的填制首先查看出口的商品在海关监管条件中是否为法检商品；具体填制时依据“报检委托书”“托运单”“销售确认书”“发票”“箱单”等基础单据填写。

②“出境货物通关单”。“出境货物通关单”填制时依据“报检委托书”“出境货物报检单”填写。

2. 报检业务流程

（1）报检委托。2019 年 01 月 13 日，上海凯盛货运代理公司在接到船公司的“配舱回单”（订舱确认）后，将“配舱回单”回传给上海进出口贸易公司。上海进出口贸易公司便委托凯盛货代完成这批绿茶的出境报检操作。“报检委托书”见表 4－3－2。

表 4－3－2

报 检 委 托 书

上海 出入境检验检疫局：

本委托郑重声明，保证遵守出入境检验检疫法律法规的规定。如有违法行为，自愿接受检验检疫机构的处罚并负法律责任。

本委托人委托受托人向检验检疫机构提交“报检申请单”和各种随附单据。具体委托情况如下：

本单位将于 2019 年 01 月间进口/出口如下货物：

品名	中国绿茶 CHINSES GREEN TEA	H.S.编码	09021090
数量	330KGS	合同号	RT05342
信用证号	8000804	审批文件	
其他特殊要求	无		

特委托 上海凯盛货运代理公司 （单位/注册登记号），代表本公司办理下列出入境检验检疫事宜：

☑1.办理代理报检手续；
☑2.代缴检验检疫费；
☑3.负责与检验检疫机构联系和验货；
☑4.领取检验检疫证单；
☑5.其他与报检有关的相关事宜。

请贵局按相关法律法规规定予以办理。

委托人（公章）
上海进出口贸易公司
2019 年 01 月 13 日

受委托人（公章）
上海凯盛货运代理公司
2019 年 01 月 13 日

本委托书有效期至 2019 年 07 月 13 日

上海进出口贸易公司随附"发票"（表4－3－3）、"装箱单"（表4－3－4）、"场站收据"等单据给凯盛货代。

表4－3－3

发票（INVOICE）

上海进出口贸易公司

SHANGHAI IMPORT & EXPORT TRADE CORPOTATION

INVOICE

TO: PRI TRADING CORPORATION (HUMBURG / GERMANY)

INV.NO.: JC-JAN111220
INV.DATE: JAN.11.2019
S/C NO.: JC2011-PR096
FROM: SHANHAI **TO:** HUMBURG **SHIPPED BY:**

MARKS&NOS.	DESCRIPTION OF GOODS	QUANTITY	UNIT PRICE	AMOUNT
N/M	CHINSES GREEN TEA	66CTNS	US$550.00	US$ 36,300.00

TATOL AMOUNT IN WORDS: SAY U.S. DOLLARS THRITY SIX THROUSAND AND THREE HUNDRED ONLY
TOTAL G.W./TOTAL N.W.: 330KGS/312KGS
TOTAL PACKAGES: 66CTNS

上海进出口贸易公司
SHANGHAI IMPORT & EXPORT TRADE CORPOTATION

表4－3－4

装箱单（PACKING LIST）

上海进出口贸易公司

SHANGHAI IMPORT & EXPORT TRADE CORPOTATION

PACKING LIST

TO: PRI TRADING CORPORATION (HUMBURG / GERMANY)

INV.NO.: JC-JAN111220
INV.DATE: JAN.11.2019

FROM: SHANHAI **TO:** HUMBURG **SHIPPED BY:**

MARKS&NOS.	DESCRIPTION OF GOODS	PKG	QTY	G.W.	N.W.	MEAS.
N/M	CHINSES GREEN TEA	66	330.00KGS	312.00KGS	27.945 M^3	

TATOL PACKAGES IN WORDS: SAY FOUR HUNDRED CARTONS ONLY
TOTAL G.W./TOTAL N.W.: 330.00KGS/312.00KGS

上海进出口贸易公司
SHANGHAI IMPORT & EXPORT TRADE CORPOTATION

（2）填写“出境货物报检单”。上海凯盛货运代理公司在接受出境报检委托，并将报检随附单据全部准备完成后，开始根据随附单据填制“出境货物报检单”。见表4－3－5。

表4－3－5

中华人民共和国出入境检验检疫
出境货物报检单

报检单位（加盖公章）：上海凯盛货运代理公司						* 编 号						
报检单位登记号	1486987661	联系人	霍代参	电话	13654563552	报检日期	2019	年	01	月	14	日

发货人	（中文）	上海进出口贸易公司
	（外文）	SHANGHAI IMPORT & EXPORT TRADE CORPOTATION
收货人	（中文）	德国PRI贸易公司
	（外文）	PRI TRADING CORPORATION

货物名称（中/外文）	H.S.编码	产地	数/重量	货物总值	包装种类及数量
中国绿茶/CHINSES GREEN TEA	09021090	上海	330KGS	USD 36,300.00	纸箱/66箱

运输工具名称号码	DHL PUDONG V. 503	贸易方式	一般贸易	货物存放地点	上海市逸仙路500号
合同号	RT05342	信用证号	8000804	用途	销售
发货日期	2019-01-28	输往国家（地区）	德国	许可证/审批号	201812433
启运地	上海	到达口岸	汉堡	生产单位注册号	
集装箱规格、数量及号码	TEX112263978，1X20'				

合同、信用证订立的检验检疫条款或特殊要求	标记及号码	随附单据（划“ ”或补填）	
	N/M	√合同	包装性能结果单
		√信用证	√许可/审批文件
		√发票	
		换证凭单	
		√装箱单	
		厂检单	

需要证单名称（划“ ”或补填）				*检验检疫费	
□品质证书	__正__副	□植物检疫证书	__正__副	总金额（人民币元）	
□重量证书	__正__副	□熏蒸/消毒证书	__正__副		
□数量证书	__正__副	□出境货物换证凭单			
□兽医卫生证书	__正__副	□通关单			
□健康证书	__正__副	□			
□卫生证书	__正__副	□		计费人	
□动物卫生证书	__正__副	□		收费人	

报检人郑重声明：	领取证单	
1. 本人被授权报检。		
2. 上列填写内容正确属实，货物无伪造或冒用他人的厂名、标志、认证标志，并承担货物质量责任。	日期	
签名：霍代参	签名	

注：有“*”号栏由出入境检验检疫机关填写　　◆国家出入境检验检疫局制

（3）交单。上海凯盛货运代理公司完成了“报检单”的填制之后，仔细核对单据内容。并将全部材料准备完成后，将所有单据交与上海出入境检验检疫局，申请报检。所需单证如下：

①《报检委托书》：一份正本，并盖有委托人的公章。

②其他单据复印件：“合同”“信用证”“发票”“装箱单”、许可证/审批文件。

③“货物包装声明”（正本）。

④“出境货物报检单”一份，并准备填写本批货物出境报检的相关信息。

（4）实施检验检疫。上海出入境检验检疫局受理本批绿茶的出境报检并收取了检验检疫费，按照要求及规定对这批出运的绿茶实施检验检疫。

（5）确定产地，出具单证。实地检验检疫完成后，上海出入境检验检疫局就会依据出境货物的产地和报检地是否一致来发放不同的单证。由于本批绿茶的产地与出口地均为上海，即产地和报检地一致。上海出入境检验检疫局对本批绿茶向凯盛货代报检签发“出境货物通关单”（有效期两个月）。见表 4－3－6。

表 4－3－6

中华人民共和国出入境检验检疫
出境货物通关单

1 发货人：上海进出口贸易公司			5 标记及号码 N/M
2 收货人：德国 PRI 贸易公司			
3 合同/信用证： RT05342/8000804		4 输往国家或地区： 德国	
6 运输工具名称及号码： DHL PUDONG V. 503		7 发货日期： 2019.01.28	8 集装箱规格和数量： TE×112263978, 1×20'
9 货物名称及规格： 中国绿茶	10 H.S 编号： 09021090	11 申报总值： USD 36,300.00	12 数/重量、包装数量及种类： 330KGS、纸箱、66 箱
13 证明： 上述货物业经检验检疫，请海关予以放行。 本通关单有效期至 二零一九年三月十六日 签字： 简依参 日期：2019 年 01 月 17 日 检验检疫专用章			
14 备注 ****************			

此时，整箱货物的出口报检操作顺利完成。

3. 填制标准

“出境货物报检单”

（1）报检单位名称：填写出口商公司中文名称，可在公司基本资料中查找。

（2）报检单位登记号：填写公司基本资料中的报检单位登记号。

（3）报检单位联系人：必须填写实际的联系人姓名。

（4）报检单位电话：填写出口商基本资料里的电话。

（5）报检日期：年、月、日符合日期格式。

（6）编号：本栏目由出入境检验检疫机关填写。

（7）发货人：填写出口商公司中、英文名称，与公司基本资料一致。

（8）收货人：填写进口商公司的中、英文名称。

（9）货物名称（中/外文）：按合同、信用证所列名称填写，应填写商品“中文名称＋英文名称”。但中/外文要一致。如男式T恤衫MEN'S T－SHIRT。

（10）H. S. 编码：合同里商品对应的海关编码。H. S. 编码可在“海关”机构网站中查询；也可点击“MY CITY”中的“市场”或“国内工厂”，根据产品编号打开商品基本资料后查询。

（11）产地：填写出口国中文名称。

（12）数/重量：填写合同中商品交易数量，并注明计量单位，重量一般填写净重，用中文填写。货物都以成交数量计，在商品详细资料中查找“销售单位（中文）”。

（13）货物总值：按合同或发票所列货物币别和总值填写。

（14）包装种类及数量：填外包装材料的种类及件数，单位用中文填写。比如“370盒”。货物包装种类可在商品详细资料中查找“包装单位/包装种类（中文）”。

（15）运输工具名称号码：海运方式下，直接填写船名航次。可依据订舱确认凭证中的信息填写船名航次；空运方式下，则参考进仓通知单中的航次。

（16）贸易方式：一般都为一般贸易。

（17）货物存放地点：海运方式下，可依据订舱确认凭证中的货物存放地；空运方式下则不用填写。

（18）合同号：报验商品成交的合同号码。

（19）信用证号：按实际情况填写信用证号。如属非信用证结汇的货物，本栏目应填写“无”或“/”。

（20）用途：商品的用途，一般用途明确的商品也可不填。

（21）发货日期：必须为日期格式，并且在合同日期之后。

（22）输往国家（地区）：填写进口国中文国别。

（23）许可证/审批号：需申领许可证或经审批的商品填写，一般商品可空白。

（24）启运地：填写出口港中文名称。可在“国际货运有限公司”海运部机构网站的“航线及运费”，或在空运部网站“常用查询”中查询。

（25）到达口岸：填写进口港中文名称。可在“国际货运有限公司”海运部机构网站的“航线及运费”，或在空运部网站“常用查询”中查询。

（26）生产单位注册号：填写出入境检验检疫机构签发的卫生注册证书号或质量许可证号，没有可不填。

（27）集装箱规格、数量及号码：海运方式下，可依据订舱确认凭证中的“集装箱种类”填写；空运方式下，可不用填写。

（28）合同、信用证订立的检验检疫条款或特殊要求：填写对商检机构出具检验证书的要求，即检验检疫条款的内容。检验机构制作证书的检验结果内容时会参考此栏的内容。

（29）标记及号码：填写实际货物运输包装上的标记，与合同相一致。中性包装或裸装、散装商品应填“N/M”，并注明“裸装”或“散装”。也可复制合同中的“Shipping Mark”。

（30）随附单据：出口商品在报验时，一般应提供外贸合同（或售货确认书及函电）、信用证原本的复印件或副本，必要时提供原本，还有发票及装箱单。合同如果有补充协议的，要提供补充的协议书；合同、信用证有更改，要提供合同、信用证修改书或更改的函电。对订有长期贸易合同而采取记账方式结算的，外贸进出口公司每年一次将合同副本送交商检机构。申请检验时，只在申请单上填明合同号即可，不必每批附交合同副本。凡属危险或法定检验范围内的商品，在申请品质、规格、数量、重量、安全、卫生检验时，必须提交商检机构签发的出口商品包装性能检验合格单证，商检机构凭此受理上述各种报验手续。

（31）需要证单名称：按照合同、信用证及有关国际条约规定必须经检验检疫机构检验并签发证书的，应在报检单上准确注明所需检验检疫证书的种类和数量。

（32）检验检疫费：此栏目由出入境检验检疫机关填写。

（33）签名：由出口商公司法人签名。

（34）领取证单：应在检验检疫机构受理报验日现场由报验人填写。

4. 提示易错栏目

“出境货物报检单”

货代公司报检部或专门的检验检疫代理机构先填制纸质“出境货物报检单”，待检验检疫机构受理后再填制电子报检单。

（1）随附单据

信用证方式下，“合同”“信用证”“发票”“装箱单”必须选择，其他贸易方式下无须选择“信用证”。

（2）需要证单名称

A. 可供签发的检验证明为“出境货物通关单”“品质证书”“健康证书”“数量/重量证书”“植物检疫证书”。

B. 所选检验证明以及正本和副本份数必须与合同“DOCUMENT”一致，否则单据无法通过。

C. 如果商品监管条件中有“B”，说明此商品为法检品，则“出境货物通关单”必选；如果监管条件中没有“B”，则可以不选“出境货物通关单”。

（3）监管条件查询方法：可在“国内工厂”或“市场”的商品基本资料中找到商品的“H. S. 编码”，可在海关网站中的“H. S. 编码”页面查询。

任务实施

请模拟上海凯盛货运代理公司报检人员来完成这批绿茶的出口货物报检任务。

任务四　进口运输作业——报关业务

学习目标

1. 知道进口报关业务流程。
2. 会缮制“提单”和“进口货物报关单”。

任务导入

2019年2月01日，上海洪强机械制造公司（SHANGHAI HONGQIANG MACHINERY MANUFACTURING COMPANY，以下简称“洪强制造”）从马来西亚（HAYU MALAYSIA APPARATUS PTE LTD.）进口一批机械螺母（NUT，型号为：M12L24），双方签订了贸易合同，成交方式为FOB，结算方式为：信用证。此批机械供外贸自营内销。

由于成交方式为FOB，进口商洪强制造负责运输和保险业务。2019年02月15日，上海广峰进出口代理公司（以下简称“广峰代理”）委托出口地货代公司从出口地丹戎帕拉帕斯港（TANJUNG PELEPAS，MAR）租船订舱，2月30日这批螺母顺利装船，签发提单。2019年03月10日船到上海港（SHANGHAI，CHINA）。洪强制造委托上海广峰进出口代理公司完成这批机械设备的进口业务操作。

进口口岸：浦东海关

泊位：港区4－03泊位

批准文号：WDF433434343

合同协议号：SH0710001－16HH024

集装箱号：CCLU2832761/20/2280

运输方式：水路运输

运输工具：MCS ANGLE V0928

提运单号：XMCSQFCKC00051

运费总价：USD2000

保费率：千分之三

商品单价：USD200

商品数量：每100个10千克，共1000千克

商品毛重：1070千克

用途：企业自用

商品体积：26.4M^3

包装种类：纸箱

包装说明：每10千克一个包装，共100个包装箱，每4小箱装在一个大包装内，共25

箱。(100 SET, PACKED IN EXPORT CARTONS OF EACH SETS EACH; TRANSPORTED IN 20′ CONTAINERS OF 25 CARTONS EACH)

任务要求

上海广峰进出口货运代理公司怎样完成这批机械螺母的进口代理操作。

涉及岗位

货代公司报关员。

知识准备

1. 认知单据

(1)"提单"。"提单"(Bill of Lading),是承运人收到货物后出具的货物收据,也是承运人所签署的运输契约的证明,"提单"还代表所载货物的所有权,是一种具有物权特性的凭证。

"提单"必须由承运人或船长或他们的代理签发,并应明确表明签发人身份。

"提单"是证明海上运输合同成立和证明承运人已接管货物或已将货物装船,并保证至目的地交付货物的单证。

"提单"也是一种货物所有权凭证,承运人据以交付货物。"提单"持有人可据以提取货物,也可凭此向银行押汇,还可在载货船舶到达目的港交货之前进行转让。

"提单"内容由正面事实记载和提单背面条款两部分组成。各船公司所制订的提单,其主要内容大致相同。

(2)"进口货物报关单"。"进口货物报关单"是进口单位向海关提供审核是否合法进口货物的凭据,也是海关据以征税的主要凭证,同时还作为国家法定统计资料的重要来源。所以,进口单位要如实填写,不得虚报、瞒报、拒报和迟报,更不得伪造、篡改。

"进口货物报关单"一般为两联,第一联是付汇联,第二联是企业留存联。

一般贸易货物进口时,应填写"进口货物报关单"一式两份,并随附一份报关行预录入打印的报关单一份。

来料加工、进料加工贸易进口货物应按照不同的贸易性质填写绿色或粉红色的进口报关单,并随附一份报关行预录入打印的报关单一份。合资企业进口货物,一律使用合资企业专用报关单(蓝色),一式两份。

> **小贴士**
>
> **"进口货物报关单"制单依据**
>
> "进口货物报关单"的填写依据进出口双方签订的"销售确认书"或者"销售合同""发票""箱单""报关委托书""提单"(海运单)等基础单据填写。

2. 受理业务流程

(1)委托租船订舱。2019年02月15日,上海洪强机械制造公司与马来西亚(HAYU

MALAYSIA APPARATUS PTE LTD.）签订“购货合同”之后，便委托上海广峰进出口货运代理公司完成这批货物的进口运输操作，双方签订运输协议。

上海广峰进出口代理公司委托出口地货代公司从出口地丹戎帕拉帕斯港租船订舱。并与出口商 HAYU MALAYSIA APPARATUS PTE LTD. 核对了这批螺母的总量，收到了“发票”“箱单”等单据。出口地货代公司核对出口货物信息并核对“托运单”内容与实际出口商品信息、缮制了货物清单之后，向船公司租船订舱。

出口地货代公司租船订舱确认之后，及时地通知上海广峰进出口代理公司船名航次：MCS ANGLEV0928、“提单”号为：XMCSQFCKC00051。

（2）装船。出口商 HAYU MALAYSIA APPARATUS PTE LTD. 准时地将这批螺母交给船公司。2019 年 02 月 28 日，出口地船公司顺利地将这批货物装船，装船结束之后顺利地签发“提单”。签发“提单”见表 4－4－1。

表 4－4－1

Shippe HAYU MALAYSIA APPARATUS PTE LTD.		BILL OF LADING B/L No. XMCSQFCKC00051 MCS ORIGINAL
Consignee TO ORDER		
Notify Party SHANGHAI HONGQIANG MACHINERY MANUFACTURING COMPANY		
*Pre carriage by	*Place of Receipt	
Ocean Vessel Voy. No. MCS ANGLE V0928	Port of Loading: TANJUNG PELEPAS, MAR	
Port of discharge SHANGHAI, CHINA	*Final destination	

Marks and Numbers	Number and kind of Packages; Description	Description of Goods (If Dangerous Goods, See Clause 20)	Gross Weight kgs	Measurement M3
N/M	NUT 100 SET, PACKED IN EXPORT CARTONS OF EACH SETS EACH; TRANSPORTED IN 20' CONTAINERS OF 25 CARTONS EACH	FERIGHT PREPAID	1000KGS	26.4

TOTAL NUMBER OF CONTAINERS OR PACKAGES (IN WORDS) SAY TWO HUNDRED AND FIFTY CARTONS ONLY	
FREIGHT & CHARGES	
	Place and date of issue TANJUNG PELEPAS
	Signed for the Carrier As agent for the carrier mcs container lines
Applicable only when document used as a Through Bill of Loading	

出口地货代在收到“提单”之后，将“提单”“发票”“箱单”等单据一起寄给上海广峰进出口代理公司。

出口地船公司及时地将船到上海港的时间以“提货通知书”的时间通知上海广峰进出口代理公司。预计船名航次为 MCS ANGLEV0928 的船舶到达上海港的时间是 2012 年 03 月 10 日。要求广峰代理及时做好提货准备，以便货物在抵达上海港之后，能够尽快地输运出港，避免货物在港口的积压。

（3）接单接货。上海广峰代理在收到出口地货代寄来的全套单据之后，核对“提货通知书”，及时地安排了船停靠的泊位和装卸计划。针对这批螺母，共装在一个 20 尺集装箱内，提单号为：XMCSQFCKC00051，根据发送来的“船图”“积载图”“舱单”可以一目了然地看到这个集装箱的位置，并编制了卸货计划和放箱位置。

船到港后，船舶停靠在港区 4－03 泊位。2019 年 03 月 10 日，船代公司和港务、港监共同安排船舶停靠和卸船，全程记录卸货过程。

（4）到货通知。上海广峰进出口代理公司收到出口货代公司发来的“提货通知书”。与此同时，广峰代理将五联单中的第一联“到货通知联”寄交给上海洪强机械制造公司。洪强制造可持正本“提单”和“到货通知书”至船公司或船代付清运费换取其余四联。

（5）货代换单。上海广峰进出口代理公司收到出口商的全套单据，并在提货之前需要将提单向船公司换成五联单（提货单）才能够完成通关和提货。D/O：DELIVERY ORDER“提货单”，由承运人或其指定的船代签发。五联单作用如下：第一联是“到货通知书”，第二联是“提货单”（D/O），第三联是“费用账单”（1），第四联是“费用账单”（2），第五联是交货记录。

“提货单”（DELIVERY ORDER，D/O）：又称“小提单”，是收货人凭“提单”正本或副本随同有效的担保向承运人或其代理人换取的，可向港口装卸部门提取货物的凭证。发放“小提单”时应做到：

①正本“提单”为合法持有人所持有。

②“提单”上的非清洁批注应转上“小提单”。

③当发生溢短残情况时，收货人有权向承运人或其代理获得相应的签证。

④运费未付的，应在收货人付清运费及有关费用后，方可放“小提单”。

在向船代换单时，首先审核“提单”正本上标注的运费是到付还是预付。这里主要完成的是运费的确认，如果是到付就要去财务交运费，办理完运费之后，正本“提单”上就会加盖“运费付讫章”；如果是预付就不用交运费。

本案例中，上海洪强机械制造公司所持有“提单”上，可以看到运费是预付，标记有“Feright prepaid ”，所以这步（去财务交运费）可以省略。在正本“提单”上加盖“运费付讫章”即可进行下一步操作。

在“运费付讫”确定之后，提货的车队到船代箱管科交押箱费。此时，会换取“设备交接单”，同时也会在正本“提单”上加盖“押箱章”。首先凭“提单”复印件加盖收货人章及车队章。进口押箱相关费用见表 4－4－2。

表 4－4－2

普通箱	免费用箱期	押箱费（万元）	期 限	前 11-20 天	21-40 天	40 天以上
	10 天	小箱：押 1	滞箱费	USD5/天	USD10/天	USD20/天
		大箱：押 2		USD10/天	USD20/天	USD40/天
冷箱	——		期 限	前 5-10 天	11-20 天	20 天以上
	4 天	小箱：押 1.5	滞箱费	USD20/天	USD35/天	USD70/天
		大箱：押 3		USD40/天	USD70/天	USD140/天
高箱	——		期 限	8-15 天	16-40 天	40 天以上
	7 天	押 3	滞箱费	USD14/天	USD25/天	USD50/天

上海广峰进出口代理公司的车队向相关部门交纳 10000 元的押箱费之后，即有 10 天的免费用箱期。在这段时间内要完成送货和还箱才能不交额外滞箱费。

交纳押箱费之后，在正本“提单”上就加盖有“运费付讫章”“押箱章”两个签章。接着就要办理持单换单操作。看正本“提单”收货人栏目的抬头，在这份正本“提单”中，收货人栏目为：TO ORDER。按照业务操作标准，需要发货人背书和一份正本“提单”或三份正本“提单”可以换取提货单。进口放提单换 D/O（提货单）对应表见表 4－4－3。

表 4－4－3

提单收货人栏目	进口放提对应提单
TO ORDER	发货人背书+一份正本/三份正本
收货人自己	收货人背书（发货人不用背书）或是三份正本
电放提单	收货人电放保函和《提单》副本一份（正、副本《提单》复印件或是副本）

船代公司收到发货人背书的三份正本“提单”，并加盖有“运费付讫章”“押箱章”，具备三个必备条件之后，船代公司顺利换取“提货单”。“提货单”见表 4－4－4。

表 4－4－4

提 货 单				
			海关编号	126009441
收货人： SHANGHAI HONGQIANG MACHINERY MANUFACTURING COMPANY 上海洪强机械制造公司 TEL:021-7946765 FAX: 021-7946765			下列货物已办妥手续，运费结清，准予交付收货人。	
船名： MCS ANGLE	航次： V0928	起运港： TANJUNG PELEPAS		目的港： SHANGHAI
提单号： XMCSQFCKC00051	交付条款： CY-CY	第一程运输：		
集装箱号： MCSU0512532*1 （1）	箱数： 25 箱	换单日期： 2019.03.10		卸货地点： 上海港
集装箱号，铅封号	货物名称	件数与包装	重量（KGS）	体积
MCSU0512532*1 （1）	螺母	25 箱	1000KGS	26.4M³
				船代加盖提货专用章
注意事项：				
1. 本提货单需要有船单（船公司）放货章和海关放行章后方始有效。凡属法定检验，检疫的进口商品，必须向检验疫机构申报。				
2. 货物超过港存期，码头公司可以按有关规定处理。在规定期间无人提取的货物，按《海关法》和国家有关规定处理。				

“提单”的抬头有三种：

①90%常用的抬头是“TO ORDER”（必填写通知方），目的为了控制物权、便于转让，并在船到港两三天前通知货已到港；

②“TO ORDER”又分为两种：“TO ORDER OF SHIPPER”和“TO ORDER OF ××BANK”（指定代收行）；需要发货人背书或是收货人持三份正本“提单”才可以提货。

③电放（TELEX RELEASE）：是对于近洋国家之间的运输而提出的。

电放“提单”是对于近洋国家之间，由于运输距离比较短且等签发“提单”后船就基本要到目的港了，来不及将“提单”邮寄给收货人或是通知方，用正本“提单”很不现实。于是就提出了使用电放手续换取“提货单”。

实际操作中，办理电放“提单”时，出口商出电放保函给船方，此时船公司给目的港船公司发传真在舱单上批注内容：“此票货物办理电放”。进口商持“提单”复印件和收货人电放保函即可提货。注意在使用电放“提单”时，“提单”上必须填写收货人。

（6）进口报关。

①收集单据。上海洪强机械制造公司收到出口商寄来的全套正本单据：“贸易合同”“发票”“箱单”等单据之后，就将全套单据给上海广峰货代委托其办理通关手续。

②报关委托。上海洪强机械制造公司委托上海广峰货代办理进口报关手续，见表4－4－5。首先确认了商品编码：73181600，通过查阅监管条件为：B。出口商品已经经过法定商检，办理进口不需要法检，并提供“通关单”。将单据给上海广峰货代委托其办理报关手续。

此处如果监管条件是A或者是A/B，就需要办理法检手续。必须经商检机构检验，向商检机构办理进口商品登记，获得“通关单”。

表4－4－5

报检委托书

________出入境检验检疫局：

本委托郑重声明，保证遵守出入境检验检疫法律法规的规定。如有违法行为，自愿接受检验检疫机构的处罚并负法律责任。

本委托人委托受托人向检验检疫机构提交“报检申请单”和各种随附单据。具体委托情况如下：

本单位将于　2019　年　03　月间进口/出口如下货物：

品名	手工工具/HAND TOOLS	H.S.编码	82041100
数量	1000 套	合同号	TX2000523
信用证号		审批文件	
其他特殊要求	无		

特委托　上海国际货运代理公司　（单位/注册登记号），代表本公司办理下列出入境检验检疫事宜：

☑1.办理代理报检手续；

☑2.代缴检验检疫费；

☑3.负责与检验检疫机构联系和验货；

☑4.领取检验检疫证单；

☑5.其他与报检有关的相关事宜。

请贵局按相关法律法规规定予以办理。

委托人（公章）　　　　受委托人（公章）

上海工具进出口贸易公司　　　　上海国际货运代理公司

2019 年 09 月 13 日　　　　2019 年 02 月 13 日

本委托书有效期至　2019 年 04 月 13 日

③填写“进口报关单”草单。上海广峰进出口代理公司根据本笔业务的全套单据，2019 年 03 月 12 日填制“进口报关单”草单，见表 4 –4 –6。

表 4 –4 –6

<table>
<tr><td colspan="9">中华人民共和国海关进口货物报关单</td></tr>
<tr><td>预录入编号：</td><td colspan="4"></td><td colspan="2">海关编号：</td><td colspan="2"></td></tr>
<tr><td colspan="3">进口口岸
浦东海关 2210</td><td colspan="2">备案号</td><td colspan="2">进口日期
2019-03-10</td><td colspan="2">申报日期
2019-03-12</td></tr>
<tr><td colspan="3">经营单位
上海洪强机械制造公司 3122213110</td><td>运输方式
水路运输</td><td colspan="3">运输工具名称
MCS ANGLE V0928</td><td colspan="2">提运单号
XMCSQPCKC00051</td></tr>
<tr><td colspan="3">收货单位
上海洪强机械制造公司 3122213110</td><td colspan="2">贸易方式
一般贸易 0110</td><td colspan="2">征免性质
一般征税</td><td colspan="2">征税比例</td></tr>
<tr><td colspan="2">许可证号</td><td colspan="3">起运国（地区）
马来西亚</td><td colspan="2">装货港
丹戎帕拉帕斯</td><td colspan="2">境内目的地
上海</td></tr>
<tr><td colspan="2">批准文号
WDP433434343</td><td>成交方式
FOB</td><td colspan="2">运费
502/2000/3</td><td colspan="2">保费
0.03/1</td><td colspan="2">杂费</td></tr>
<tr><td colspan="2">合同协议号
SH0710001-16HH024</td><td colspan="2">件数
100</td><td>包装种类
纸箱</td><td colspan="2">毛重（公斤）
1070.00</td><td colspan="2">净重（公斤）
1000.00</td></tr>
<tr><td colspan="2">集装箱号
CCLU2832761/20/2280</td><td colspan="5">随附单据
入境货物通关单 合同 发票 装箱单 自动进口许可证 提单
提货单</td><td colspan="2">用途
企业自用</td></tr>
<tr><td colspan="9">标记唛码及备注 ：</td></tr>
<tr><td colspan="9"></td></tr>
<tr><td>项号</td><td>商品编号</td><td>商品名称、规格型号</td><td>数量及单位</td><td>原产国（地区）价</td><td>单价</td><td>总价</td><td>币制</td><td>征免</td></tr>
<tr><td></td><td>13181600</td><td>螺母</td><td>1000KGS</td><td>马来西亚</td><td>200.00</td><td>20000.00</td><td>USD</td><td>照章征税</td></tr>
<tr><td colspan="9"></td></tr>
<tr><td colspan="9">税费征收情况</td></tr>
<tr><td>录入员</td><td colspan="2">录入单位</td><td colspan="3">兹声明以上申报无讹并承担法律责任</td><td colspan="3">海关审单批注及放行日期（签章）
审单 审价</td></tr>
<tr><td>报关员</td><td colspan="2"></td><td colspan="3" rowspan="2">申报单位（签章）</td><td colspan="3">征税 统计</td></tr>
<tr><td>单位地址</td><td colspan="2"></td><td colspan="3">查验 放行</td></tr>
<tr><td>邮编</td><td>电话</td><td></td><td>填制日期</td><td colspan="2"></td><td colspan="3"></td></tr>
</table>

④发送单据。上海广峰货代登录海关电子口岸到海关预录入中心预录入货物信息，进行电子申报。

⑤审单。电子申报的货物信息会通过海关内部系统传输给海关审单中心，审单中心审核通过后，再将“报关单”及随附单证“合同”“发票”“箱单”“提货单”正本和“提单”副本递交给海关书面审核。

海关审完单后，海关核对计算机系统计算的税费，开具税款缴费书和收费票据，上海广峰进出口代理在规定时间内，持缴款书或收费票据向指定的银行办理税费交付手续；对于可以在中国电子口岸网上缴税和付费的海关，上海广峰进出口代理可通过电子口岸接收海关发出的税款缴款书和收费票据，并在网上向签有协议的银行进行电子支付税费。收到银行缴款成功的信息后，报请海关办理货物放行手续。

审核通过后，海关在进口货物“提货单”上签盖海关“放行章”，同时海关也将电脑中确认放行，使该货物可以通过电子闸门。上海广峰进出口代理人签收“提货单”，凭以提取进口货物，见表4－4－7。

表4－4－7

提货单				
			海关编号	126009441
收货人： SHANGHAI HONGQIANG MACHINERY MANUFACTURING COMPANY 上海洪强机械制造公司 TEL:021-7946765 FAX:021-7946765		下列货物已办妥手续，运费结清，准予交付收货人。		
船名： MCS ANGLE	航次： V0928	起运港： TANJUNG PELEPAS		目的港： SHANGHAI
提单号： XMCSQFCKC0005 1	交付条款： CY-CY	第一程运输：		
集装箱号： MCSU0512532*1 （1）	箱数： 250 箱	换单日期： 2019.03.10		卸货地点： 上海港
集装箱号，铅封号	货物名称	件数与包装	重量（KGS）	体积
MCSU0512532*1 （1）	螺母	25 箱	1000KGS	26.4M³
收货人章：	海关章：			
	海关加盖 放行章			船代加盖 提货专用章
注意事项：				
1. 本提货单需要有船单（船公司）放货章和海关放行章后方始有效。凡属法定检验，检疫的进口商品，必须向检验疫机构申报。				
2. 货物超过港存期，码头公司可以按有关规定处理。在规定期间无人提取的货物，按《海关法》和国家有关规定处理。				

假设在海关审单过程中发现有问题，将送查验科查验。现场查验后，决定是否放行。

（7）进口报检。海关通关放行后应去三检大厅办理三检，向大厅内的代理报验机构提供“箱单”“发票”“合同”“报关单”，由他们代理报验。报验后，可在大厅内统一窗口交费，并在白色“提货单”上盖三检放行章。见表4－4－8。

表4－4－8

提　货　单				
			海关编号	126009441
收货人： SHANGHAI HONGJIANG MACHINERY MANUFACTURING COMPANY 上海洪强机械制造公司		下列货物已办妥手续，运费结清，准予交付收货人。		
TEL:021-7946765 FAX: 021-7946765				
船名： MCS ANGLE	航次： V0928	起运港： TANJUNG PELEPAS		目的港： SHANGHAI
提单号： XMCSQFCKC00051	交付条款： CY-CY	第一程运输：		
集装箱号： MCSU0512532*1 （1）	箱数： 250 箱	换单日期： 2019.03.10		卸货地点： 上海港
集装箱号，铅封号	货物名称	件数与包装	重量（KGS）	体积
MCSU0512532*1 （1）	螺母	25 箱	1000KGS	26.4M³
收货人章：	海关章：			
	海关加盖放行章	检验检疫合格章		船代加盖提货专用章
注意事项：				
1. 本提货单需要有船单（船公司）放货章和海关放行章后方始有效。凡属法定检验，检疫的进口商品，必须向检验疫机构申报。				
2. 货物超过港存期，码头公司可以按有关规定处理。在规定期间无人提取的货物，按《海关法》和国家有关规定处理。				

（8）货代提货发货。广峰代理手持盖有“海关放行章、提货专用章、检验检疫合格章”的“提货单”之后，即表示通关放行，持“设备交接单”到堆场提箱。提箱过程中与堆场有关人员共同检查箱体有无重大残破，如有，要求港方在“设备交接单”上签残。

上海洪强机械制造公司将重箱由堆场提到场地工厂后，在免费期内（2019 年 03 月 20 日内）及时掏箱以免产生滞箱。

货物提清后，从场站取回“设备交接单”证明箱体无残损，去船公司或船舶代理部门取回押箱费。

3. 填制标准

（1）“提单”。

Shipper：托运人，一般为信用证中的受益人，如果开证人为了贸易上的需要，要求做第三者提单，也可照办。

Consigneer：收货人栏要根据信用证或合同对提单的要求来填写。

Notify Party：被通知人，这是船公司在货物到达目的港时发送到货通知的收件人，有时即为进口人。

Ocean Vessel Voy. No.：填列运送货物的船名及航次。

Port of Loading：装货港，应填写实际装船港口的具体名称。

Port of discharge：卸货港，填列货物实际卸下的港口名称。如属于转船，第一程《提单》上的卸货港填写转船港，收货人填写第二程的船公司；第二程“提单”装货港填写上述转船港，卸货港可填写最后目的港。

Final destination：最终目的地，如果货物的目的地就是目的港，空白这一栏。

Marks and Numbers（Container No. and Seal No.）：唛头，即为了装卸、运输及存储过程中便于识别而刷在外包装上的装运标记，是“提单”的一项重要内容，是“提单”与货物的主要联系要素，也是收货人提货的重要依据。信用证如有规定的，必须按规定填列，否则按“发票”上的唛头填列。

Number and kind of packages；Description：包装数量和包装单位，写明包装箱（袋）的数量和包装材质，如麻袋、木箱等。如散装时，可表示为“in bulk”（散装）。包装种类一定要和信用证一致。

Gross weight：毛重，除信用证另有规定者外，一般以公斤为单位列出货物的毛重。

Measurement（m^3）：尺码，以立方米列出货物体积。

Total Number of containers and/or packages（in words）：货物或者包装的总量。

Freight and charges：运费和费用，一般为预付或到付。如 CIF 或 CFR 出口，一般均填上运费预付字样，若漏填，收货人会因运费问题提不到货。如系 FOB 出口，则运费可制作“运费到付”字样，除非收货人委托发货人垫付运费。

Revenue Tons：计费吨、运费级别。货物的计费吨分重量吨和体积吨。以重量计费者，按货物毛重计算，以 1000 公斤为 1 重量吨；以体积计费者，按满尺丈量计算，以 1 立方米为 1 体积吨。

Rates：运费率。

Pre：计费单位，有按箱计费、按重量计费、按日计费。

Prepaid：运费支付方式中的预付。

Collect：运费支付方式中的到付。

Ex. Rate：汇率。

Prepaid at：运费预付地点：当贸易术语采用 CIF 或 CFR 时，运费为托运人支付。此栏填写运费预付地点，一般为装运港。

Payable at：运费到付地点，当贸易术语采用 FOB 时，运费为收货人支付，此栏填写运费到付地点，一般为目的港。

Place and date of issue："提单"签发地点和日期，"提单"签发地点通常是承运人收受货物或装船的地点，"提单"签发的日期不得晚于信用证规定的装运期，这对出口商能否安全收汇很重要。

Total Prepaid：预付的总数量。

No. of Original B（s）L：正本"提单"的份数。只有正本"提单"可流通、交单、议付，副本则不行，单据上忘记打上正本份数或某份"提单"没有"正本"字样，都是不符点。

Signed for the Carrier："提单"签发人签字。按照 UCP600（《跟单信用证统一惯例》）规定，有权签发"提单"的是承运人或作为承运人的具名代理或代表，如果是代理人签字，代理人的名称和身份都应该列明。

LADEN ON BOARD THE VESSEL：已装船批注。装船后，在此栏加注必要的内容，如船名等。

DATE：装船的日期。

BY：由签字人签字。

（2）"进口货物报关单"。

预录入编号：本栏目填报预录入"报关单"的编号，预录入编号规则由接受申报的海关决定。

海关编号：本栏目填报海关接受申报时给予"报关单"的编号，一份"报关单"对应一个海关编号。

进口口岸：本栏目在根据海关规定的"关区代码表"中相应口岸海关的名称及代码填报。

备案号：本栏目填报进出口货物收发货人在海关办理加工贸易合同备案或征、减、免税备案审批等手续时，海关核发的《中华人民共和国海关加工贸易手册》、电子账册及其分册（以下统称《加工贸易手册》）、"进出口货物征免税证明"（以下简称"征免税证明"）或其他备案审批文件的编号。一份"报关单"只允许填报一个备案号。备案号栏目为 12 位字符，其中第 1 位是标记代码。无备案审批文件的报关单，本栏目免予填报。

进口日期：进口日期填报运载进口货物的运输工具申报进境的日期。无实际进出境的报关单填报海关接受申报的日期。本栏目为 8 位数字，顺序为年（4 位）、月（2 位）、日（2 位）。

申报日期：申报日期指海关接受进出口货物收发货人、受委托的报关企业申报数据的日期。以电子数据报关单方式申报的，申报日期为海关计算机系统接受申报数据时记录的日期。以纸质报关单方式申报的，申报日期为海关接受纸质"报关单"并对"报关单"进行登记处理的日期。申报日期为8位数字，顺序为年（4位）、月（2位）、日（2位）。本栏目在申报时免予填报。

经营单位：本栏目填报在海关注册登记的对外签订并执行进出口贸易合同的中国境内法人、其他组织或个人的名称及海关注册编码。

运输方式：本栏目应根据货物实际进出境的运输方式或货物在境内流向的类别，按照海关规定的“运输方式代码表”选择填报相应的运输方式。

运输工具名称：本栏目填报载运货物进出境的运输工具名称或编号。填报内容应与运输部门向海关申报的“舱单”（载货清单）所列相应内容一致。本栏目填报内容应与运输部门向海关申报的“载货清单”所列相应内容一致。一份“报关单”只允许填报一个运输工具名称。

提运单号：本栏目填报进出口货物“提单”或“运单”的编号。

收货单位：收货单位指已知的进口货物在境内的最终消费、使用单位，本栏目应填报收货单位的中文名称和其海关注册编码，同“经营单位”栏。

贸易方式：本栏目应根据实际对外贸易情况按海关规定的“监管方式代码表”选择填报相应的监管方式简称及代码。一份“报关单”只允许填报一种监管方式。

征免性质：本栏目应根据实际情况按海关规定的“征免性质代码表”选择填报相应的征免性质简称及代码，持有海关核发的“征免税证明”的，应按照“征免税证明”中批注的征免性质填报。货物通常都适用于一般征税，在“征免性质代码表”中对应的代码为101，因此本栏可填“一般征税”或代码“101”。

征税比例：“进口报关单”本栏目免予填报。

许可证号：本栏目填报以下许可证的编号：进（出）口许可证、两用物项和技术进（出）口许可证、两用物项和技术出口许可证（定向）、纺织品临时出口许可证、出口许可证（加工贸易）、出口许可证（边境小额贸易）。

起运国（地区）：填报进口货物起始发出直接运抵我国或者在运输中转国（地）未发生任何商业性交易的情况下运抵我国的国家（地区）。起运国需根据合同规定填写，注意要复制公司资料里的国家名称，要完全一致。

装货港：填报进口货物在运抵我国关境前的最后一个境外装运港。本栏目应根据实际情况按海关规定的“港口航线代码表”选择填报相应的港口中文名称及代码。装货港/指运港在“港口航线代码表”中无港口中文名称及代码的，可选择填报相应的国家中文名称或代码。

境内目的地：境内货源地填报出口货物在国内的产地或原始发货地。出口货物产地难以确定的，填报最早发运该出口货物的单位所在地。本栏目按海关规定的“国内地区代码表”选择填报相应的国内地区名称及代码。

批准文号：“进口报关单”中本栏目免予填报。

成交方式：本栏目应根据进出口货物实际成交价格条款，按海关规定的“成交方式代码表”选择填报相应的成交方式代码。无实际进出境的报关单，进口填报CIF，出口填报FOB。

运费：本栏目填报进口货物运抵我国境内输入地点起卸前的运输费用，进口货物成交价格包含前述运输费用或者出口货物成交价格不包含前述运输费用的，运费可按运费单价、总价或运费率三种方式之一填报，注明运费标记（运费标记“1”表示运费率，“2”表示每吨货物的运费单价，“3”表示运费总价），并按海关规定的“货币代码表”选择填报相应的币种代码。运保费合并计算的，填报在本栏目。

本栏分成三部分：

① 币别代码：运费都是以美元计算的，所以都填“502”。

② 运费金额：在“国际货物运输代理业专用发票”中查找，到货时候有这个单据。

③ 运费标记：运费总价填“3”；运费费率填“1”；运费单价填“2”。

保费：本栏目填报进口货物运抵我国境内输入地点起卸前的保险费用，进口货物成交价格包含前述保险费用或者出口货物成交价格不包含前述保险费用的，保费可按保险费总价或保险费率两种方式之一填报，注明保险费标记（保险费标记“1”表示保险费率，“3”表示保险费总价），并按海关规定的“货币代码表”选择填报相应的币种代码。运保费合并计算的，本栏目免予填报。

本栏分成三部分：

① 币别代码：保险费是按各国本位币计算的，所以，此处填本位币的代码，在海关的机构网站的“货币代码表”里查询。

② 保费金额：请在货物运输保险单或货物运输投保单中查找。

③ 运费标记：保险费总价填“3”；保险费率填“1”。

杂费：本栏目填报成交价格以外的、按照《中华人民共和国进出口关税条例》相关规定应计入完税价格或应从完税价格中扣除的费用。可按杂费总价或杂费率两种方式之一填报，注明杂费标记（杂费标记“1”表示杂费率，“3”表示杂费总价），并按海关规定的“货币代码表”选择填报相应的币种代码。

合同协议号：本栏目填报进出口货物合同（包括协议或订单）编号。

件数：本栏目填报有外包装的进出口货物的实际件数。

包装种类：本栏目应根据进出口货物的实际外包装种类，按海关规定的“包装种类代码表”选择填报相应的包装种类代码。

毛重（公斤）：本栏目填报进出口货物及其包装材料的重量之和，计量单位为公斤，不足 1 公斤的填报为“1”。注：如果“装箱单”填写正确，此处可直接参考装箱单。

净重（公斤）：本栏目填报进出口货物的毛重减去外包装材料后的重量，即货物本身的实际重量，计量单位为公斤，不足 1 公斤的填报为“1”。注：如果“装箱单”填写正确，此处可直接参考“装箱单”。

装箱号：本栏目填报装载进出口货物（包括拼箱货物）集装箱的箱体信息。一个集装箱填一条记录，分别填报集装箱号（在集装箱箱体上标示的全球唯一编号）、集装箱的规格和集装箱的自重。非集装箱货物填报为“0”。

随附单据：本栏目根据海关规定的“监管证件代码表”选择填报除本规范第十八条规定的许可证件以外的其他进出口许可证件或监管证件代码及编号。

用途：进口货物本栏目填报用途，应根据进口货物的实际用途按海关规定的“用途代码表”选择填报相应的用途代码。

标记唛码及备注：与合同相关内容一致，请参照“Shipping Mark”栏。

项号：本栏目分两行填报及打印。第一行填报“报关单”中的商品顺序编号；第二行专用于加工贸易、减免税等已备案、审批的货物，填报和打印该项货物在《加工贸易手册》或“征免税证明”等备案、审批单证中的顺序编号。

商品编号：本栏目应填报由《中华人民共和国进出口税则》确定的进出口货物的税则号列和《中华人民共和国海关统计商品目录》确定的商品编码，以及符合海关监管要求的附加编号组成的10位商品编号。

海关编码：按《海关进出口税则》10位编码填写，如皮革服装的H. S. 编码为4203100090。

商品名称、规格型号：本栏目分两行填报及打印。第一行填报进出口货物规范的中文商品名称，第二行填报规格型号。

数量及单位：本栏目分三行填报及打印。

① 第一行应按进出口货物的法定第一计量单位填报数量及单位，法定计量单位以《中华人民共和国海关统计商品目录》中的计量单位为准。

② 凡列明有法定第二计量单位的，应在第二行按照法定第二计量单位填报数量及单位。无法定第二计量单位的，本栏目第二行为空。

③ 成交计量单位及数量应填报并打印在第三行。

原产国（地区）：应依据《中华人民共和国进出口货物原产地条例》《中华人民共和国海关关于执行〈非优惠原产地规则中实质性改变标准〉的规定》以及海关总署关于各项优惠贸易协定原产地管理规章规定的原产地确定标准填报。同一批进口货物的原产地不同的，应分别填报原产国（地区）。进口货物原产国（地区）无法确定的，填报“国别不详”（代码701）。本栏目应按海关规定的“国别（地区）代码表”选择填报相应的国家（地区）名称及代码。

单价：填报同一项号下进出口货物实际成交的商品单位价格。无实际成交价格的，本栏目填报单位货值。单价应与合同一致。

总价：填报同一项号下进出口货物实际成交的商品总价格。无实际成交价格的，本栏目填报货值。总价应与合同一致。

币制：应按海关规定的“货币代码表”选择相应的货币名称及代码填报，如“货币代码表”中无实际成交币种，需将实际成交货币按申报日外汇折算率折算成“货币代码表”列明的货币填报。

征免：应按照海关核发的“征免税证明”或有关政策规定，对“报关单”所列每项商品选择海关规定的“征减免税方式代码表”中相应的征减免税方式填报。加工贸易货物“报关单”应根据《加工贸易手册》中备案的征免规定填报；《加工贸易手册》中备案的征免规定为“保金”或“保函”的，应填报“全免”。

相关用语的含义：

报关单录入凭单：指申报单位按“报关单”的格式填写的凭单，用作报关单预录入的依据。该凭单的编号规则由申报单位自行决定。

预录入报关单：指预录入单位按照申报单位填写的报关单凭单录入、打印由申报单位向海关申报、海关尚未接受申报的报关单。

报关单证明联：指海关在核实货物实际进出境后按报关单格式提供的，用作进出口货物收发货人向国税、外汇管理部门办理退税和外汇核销手续的证明文件。

4. 提示易错栏目

（1）“提单”。

①装卸港：装卸港口的填写要完全依据“销售确认书”填写，若港口一致，在港口名称后再加上城市或者国别。

②签发时间和地点：“提单”的签发时间和地点直接依据案例填写实际的签发时间和地点，涉及结汇行交单和进口换单操作。

（2）“进口货物报关单”。

①经营单位与发货单位。填写这两个栏目时，首先确认发货单位是否有进出口经营权。若有，则这两个栏目填写的单位名称一致；若没有，则这两个栏目分别填写不同的经营单位和发货单位；

②备案号、贸易方式、征免性质、征免。四个栏目的填写由贸易方式决定，具体填制规则见表4－2－7。

③成交方式、运费、保费。成交方式一般有FOB、CIF两种，分到岸价和装运港价格，此处重点讲解这两个贸易术语下的栏目填制，具体的填制见表4－4－9。

表4－4－9

成交方式	运费	保费
CIF	不填（填了就是错）	不填（填了就是错）
CIF	不填（填了就是错）	不填（填了就是错）
FOB	填（不填就是错）	填（不填就是错）
FOB	填（不填就是错）	填（不填就是错）

④运费栏目的填写：本栏应根据具体情况选择运输单价、运费总价或运费率三种方式之一填报，同时注明运费标记（运费率标记免填），并按海关规定的“货币代码表”选择填报相应的币种代码；运费标记“1”表示运费率，“2”表示每吨货物的运费单价，“3”表示运费总价，比如24元人民币的运费单价填报为142/24/2。

⑤保费栏目的填写：本栏的填写同运费的填写格式，其中，币种不填写，例如费率为千分之一的保险费填报为0.1/1。

本任务中的成交方式为：FOB，运费栏目填写：502/2000/3；保费栏目填写：0.03/1。

⑥集装箱号：集装箱号栏目的填写方式为：集装箱号＋“/”＋规格＋“/”＋自重；

⑦ 数量及单位：数量及单位栏目的填写为进口商品的成交数量及计量单位，以及海关法定计量范围和按照海关计量单位换算的数量，第一行填写法定第一计量单位，第二行填写法定第二计量单位，第三行填写成交单位，若无法定第二计量单位可省略填写。

任务实施

请模拟上海广峰进出口代理公司代理完成上海洪强机械制造公司进口这批螺母的货物报关任务。

任务五 进口运输作业——报检业务

学习目标

1. 知道进口报检业务流程。
2. 会缮制“进口货物报检单”。

任务导入

上海工具进出口贸易公司从日本塔卡玛贸易公司进口一批工具，并委托上海国际货运代理公司进行报检。

（1）买方：上海工具进出口贸易公司（上海/中国）

SHANGHAI TOOL IMPORT & EXPORT TRADE CORPORATION

TEL：022－56082266 / FAX：022－56082265

（2）卖方：塔卡玛贸易公司（大阪/日本）

TAKAMER TRADE CORPORATION

TEL：028－548－742 / FAX：028－548－743

（3）货物名称及规格：手工工具/ HAND TOOLS，20 箱/ PACKED IN 20 CARTONS。

（4）货物数量：1000 套；重量：360KGS。

（5）货物总值：USD 10000. 00。

（6）合同日期：2019 年 02 月 10 日。

（7）合同号：TX2000523。

（8）运输方式：集装箱海运。

（9）报检单位登记号：12500003541；联系人和电话：霍代依 13654563554。

（10）H. S. 编码：82041100。

（11）货物存放地点：上海港。

（12）索赔时效：1 年。

（13）运输工具及名称：XINFEN V. 684，COSU1140213。

（14）集装箱：数量及规格 1 ×20′。

（15）包装：G. W. 18kg/CTN。

（16）提单号：COCO058899。

（17）许可证/审批号：2017122430。

（18）用途：自营自销。

任务要求

上海国际货运代理公司怎样完成这批手工工具的进口报检代理操作。

涉及岗位

货代公司报检部。

知识准备

1. 认知单据

“入境货物报检单”是国家检验检疫部门根据检验检疫、鉴定工作的需要，为保证检验检疫工作规范化和程序化而设置的。它是报检人根据有关法律、行政法规或合同约定申请检验检疫机构对其某种货物实施检验检疫、鉴定意愿的书面凭证，它表明了申请人正式向检验检疫机构申请检验检疫、鉴定，以取得该批货物进口销售、使用的合法凭证。报检单同时也是检验检疫机构对出入境货物实施检验检疫、起动检验检疫程序的依据。入境货物报检单所在列各栏必须填写完整、准确、清晰、没有内容填写栏目以斜杠“/”表示，不得留空。

小贴士

“入境货物报检单”制单依据

“入境货物报检单”的填制首先查看出口的商品通过查看海关监管条件确定是否为法检商品；具体填制时依据“报检委托书”“提单/提货单”“销售确认书”“发票”“箱单”等基础单据填写。

2. 受理业务流程

（1）报检委托。上海国际货运代理公司接受上海工具进出口贸易公司的委托，将完成本批货物的入境报检操作。

表 4－5－1

报 检 委 托 书

________出入境检验检疫局：

本委托郑重声明，保证遵守出入境检验检疫法律法规的规定。如有违法行为，自愿接受检验检疫机构的处罚并负法律责任。

本委托人委托受托人向检验检疫机构提交“报检申请单”和各种随附单据。具体委托情况如下：

本单位将于 2019 年 03 月间进口/出口如下货物：

品名	手工工具/HAND TOOLS	H.S.编码	82041100
数量	1000 套	合同号	TX2000523
信用证号		审批文件	
其他特殊要求	无		

特委托 上海国际货运代理公司 （单位/注册登记号），代表本公司办理下列出入境检验检疫事宜：

☑1.办理代理报检手续；
☑2.代缴检验检疫费；
☑3.负责与检验检疫机构联系和验货；
☑4.领取检验检疫证单；
☑5.其他与报检有关的相关事宜。

请贵局按相关法律法规规定予以办理。

委托人（公章）　　　　受委托人（公章）
上海工具进出口贸易公司　　　　上海国际货运代理公司
2019 年 02 月 13 日　　　　2019 年 02 月 13 日

本委托书有效期至 2019 年 04 月 13 日

上海国际货运代理公司在收到“入境报检委托书”（表4－5－1）后，并收到上海工具进出口贸易公司随附的“发票”“箱单”“提单”、许可证/审批文件、包装申明等单据。

（2）填写“入境货物报检单”。上海国际货运代理公司根据上海工具进出口贸易公司提供的单据，填制本批货物的“入境货物报检单”。见表4－5－2。

表4－5－2

中华人民共和国出入境检验检疫

入境货物报检单

报检单位(加盖公章)：上海国际货运代理公司　　　　*编号

报检单位登记号：1250000354l　联系人：霍代依　电话：13654563554　报检日期：2019-03-10

收货人	（中文）	上海工具进出口贸易公司	企业性质（划“√”）	□合资□合作□外资
	（外文）	SHANGHAI TOOL IMPORT & EXPORT TRADE CORPORATION		
发货人	（中文）	日本塔卡玛贸易公司		
	（外文）	TAKAMER TRADE CORPORATION		

货物名称（中/外文）	H.S.编码	原产国（地区）	数/重量	货物总值	包装种类及数量
手工工具/HAND TOOLS	82041100	日本	1000套/360KGS	USD 10000.00	纸箱/20箱

运输工具名称号码	XINPEN V. 684, CDSU1140213			合同号	TX2000523
贸易方式	一般贸易	贸易国别（地区）	日本	提单/运单号	CDCD058899
到货日期	2019-03-09	启运国家（地区）	日本	许可证/审批号	2017122430
卸毕日期	2019-03-09	启运口岸	大阪	入境口岸	上海
索赔有效期至	2020-03-08	经停口岸	/	目的地	上海
集装箱规格、数量及号码	海运集装箱1×20'				
合同订立的特殊条款以及其他要求	/			货物存放地点	上海港
				用　途	自营自销

请附单据（划“”或填补）		标记及号码	*外商投资财产（划“√”）	□是□否
□合同	□到货通知	N/M	*检验检疫费	
□发票	□装箱单			
□提/运单	□质保书		总金额（人民币元）	
□兽医卫生证书	□理货清单			
□植物检疫证书	□磅码单			
□动物检疫证书	□验收报告		计费人	
□卫生证书	□包装声明			
□原产地证	□		收费人	
□许可/审批文件	□			

报检人郑重声明：	领取证单	
1.本人被授权报检。		
2.以上填写内容正确属实。	日期	2019-03-10
签名：霍代依	签名	霍代依

注：有“*”号栏由出入境检验检疫局机关填写　　◆国家出入境检验检疫局制

[1-1(2017.1.1)]

（3）交单。

①“入境报检委托书”。

②其他单据复印件：“合同”“发票”“提单”“装箱单”、许可证/审批文件。

③发货方（日本塔卡玛贸易公司）提供包装声明（正本）。

④《入境货物报检单》一份，并准备填写本批货物入境报检的相关信息。

（4）入境货物报检。上海市检验检疫局在收到上海国际货运代理公司的报检申请之后，商检机构办理检验检疫登记之后，给国际货代出具《入境货物通关单》。见表4－5－3。

表4－5－3

中华人民共和国出入境检验检疫
入境货物通关单

编号：120600107009216

1.收货人 上海工具进出口贸易公司			5.标记及号码 N/M
2.发货人 日本塔卡玛贸易公司			
3.合同/提（运）单号 TX2000523		4.输出国家或地区 日本	
6.运输工具名称及号码 XINFEN V. 684, COSU1140213		7.目的地 上海	8.集装箱规格及数量 1×20'
9.货物名称及规格 手工工具/ HAND TOOLS，PACKED IN 20 CARTONS/20箱 （以下空白）	10.H.S编码 82041100 （以下空白）	11.申报总值 USD 10000.00 （以下空白）	12.数/重量、包装数量及种类 1000套、360KGS、20 CARTONS （以下空白）
13.证明 上述货物业已报检/申报，请海关予以放行 检验检疫专用章 签字：寇安依　　日期：2019.03.15			
14.备注 ***********			

B 6353415　　① 货物通关　　[2-1-2(2019.1.1)*1]

在领取“入境货物通关单”后，报检人员与当地检验检疫局约定实施检验检疫的时间及地点。地点为口岸堆场，时间为03月20日12：00。

（5）通关。货代公司报关人员对本批货物进行报关，并完成货物通关。

（6）实施检验检疫。在货物通关后由口岸局对货物进行必要的卫生处理（并非实施检验检疫）。

（7）完成检验检疫。在完成本批货物的实地检验检疫后，上海检验检疫局将会对本批进口货物出具“入境货物检验检疫证明”。见表 4－5－4。

表 4－5－4

CIQ

中华人民共和国出入境检验检疫

入境货物检验检疫证明

编号 440110109019965

收货人	上海工具进出口贸易公司		
发货人	日本塔卡玛贸易公司		
品名	手工工具	报检数/重量	1000 套/ 360KGS
包装种类及数量	20 箱	输出国家或地区	日本
合同号	TX2000523	标记及唛头 N/M	
提/运单号	COSCO058899		
入境口岸	上海		
入境日期	2019.03.10		
说明： **上述货物业经检验检疫，准予销售/使用。** 检验检疫专用章 签字：简依依　　日期：2019.03.23			
备注： **********			

B 1758472　　① 货主收执　　[5-1(2019.1.1)·1]

3. 填制标准

“入境货物报检单”

（1）报检单位名称：填写进口商公司中文名称。

（2）报检登记号：填写公司基本资料中报检单位登记号。

（3）报检单位联系人：必须填写报检单位的联系人姓名。

（4）报检单位电话：填写进口商基本资料里的电话。

（5）编号：本栏目由出入境检验检疫机关填写。

（6）报检日期：年、月、日符合日期格式。

（7）收货人：填写进口商公司中、英文名称。

（8）企业性质：根据收货人的性质勾选。

（9）发货人：填写出口商公司的中、英文名称。

（10）货物名称（中/外文）：按合同、信用证所列名称填写，但中/外文要一致，填写商品“中文名称+英文名称”；如：男式T恤衫 MEN'S T-SHIRT。

（11）H.S. 编码：合同里商品对应的海关编码；H.S. 编码可在“海关”机构网站中查询。

（12）原产国（地区）：填写出口国中文国别。

（13）数/重量：填写合同中商品交易数量，并注明计量单位，货物都以销售数量计，在商品详细资料中查找“销售单位（中文）”用中文填写。如：“500 包”。

（14）货物总值：按合同或发票所列货物币别和总值填写。

（15）包装种类及数量：指合同中本批货物运输包装的种类及件数。单位用中文填写。比如“370 盒”。

（16）运输工具名称号码：海运方式下填写提货单里的船名；空运方式下填写航空运单里的航班号。

（17）合同号：指贸易双方就本批货物而签订的书面贸易合同编号。

（18）贸易方式：确定本次交易的贸易方式，一般为一般贸易。

（19）贸易国别（地区）：填写出口国中文国别。

（20）提单/运单号：本批货物对应的“提单/运单号”的编号。

（21）到货日期：按货物到货通知邮件里所列的日期填写。

（22）启运国家（地区）：指装运本批货物进境的交通工具的启运国家（地区），即出口国中文国别。

（23）许可证/审批号：对国家出入境检验检疫局已实施《进口商品质量许可证制度目录》下的货物和卫生注册、检疫、环保许可制度管理的货物，报检时填写安全质量许可编号或审批单编号，一般商品可空白。

（24）卸毕日期：按货物实际卸毕的日期填写。在货物还未卸毕前报检的，可暂不填写，待卸毕后再填写。

（25）启运口岸：填写出口港中文名称。可在相关海运部机构网站的“航线及运费”，或在空运部网站“常用查询”中查询。

（26）入境口岸：填写进口港中文名称。可在相关海运部机构网站的“航线及运费”，或在空运部网站“常用查询”中查询。

（27）索赔有效期至：按合同规定的日期填写，特别要注明截止日期。

（28）经停口岸：指本批货物在启运后，到达目的地前中途停靠的口岸名称。

（29）目的地：填写进口港中文名称。

（30）装箱规格、数量及号码：海运方式下，可参照“提货单”中的“集装箱数”；空运方式下，可不用填写。

（31）合同订立的特殊条款以及其他要求：指贸易合同中双方对本批货物特别约定而订

立的质量、卫生等条款和报检单位对本批货物的检验检疫有其他特别的要求。

（32）货物存放地点：指本批货物卸货时存放的仓储位置，一般可不填。

（33）用途：指本批货物的用途，如食用、观赏或演艺、实验、药用、饲用、加工等，一般用途明确的商品也可不填。

（34）随附单据：按实际向检验检疫机构提供的单据，在对应的“□”内打“√”。

（35）标记及号码：填写实际货物运输包装上的标记，与合同相一致。中性包装或裸装、散装商品应填“N/M”，并注明“裸装”或“散装”。

（36）检验检疫费：此栏目由出入境检验检疫机关填写。

（37）报检人郑重声明：必须有报检人的亲笔签名。

（38）领取证单：应在检验检疫机构受理报验日现场由报验人填写。

4. 提示易错栏目

（1）制单环节。“入境货物报检单”是货物在将要入境时，向进口口岸的检验检疫机构申请检验检疫，对入境的商品进行验货放行。

（2）随附单据。通常，“合同”“发票”“提/运单”“装箱单”是必须提交的。其他随附单据的选择，必须与合同保持一致。

任务实施

请模拟国际货运代理公司代理完成这批手工工具的进口报检代理操作。

参考文献

1. 张建强：《财经基本技能》，中国财政经济出版社 2013 年版。
2. 陆梦青：《单证员岗位实训》，高等教育出版社 2008 年版。
3. 李洪奎、孙明贺：《国际货运代理》，高等教育出版社 2010 年版。
4. 陈克勤：《物流运输实务》，中国物资出版社 2006 年版。
5. 姚大伟：《国际商务单证理论与实务（第 3 版）》，上海交通大学出版社 2011 年版。
6. 邵红万：《国际商务单证实训教程》，东南大学出版社 2009 年版。
7. 王桂姣：《配运实务》，中国财政经济出版社 2010 年版。
8. 王桂姣、石玫珑：《仓储与配送》，中国财政经济出版社 2014 年版。